HÉBEL ET AUERBACH

SCÈNES VILLAGEOISES

DE

LA FORÊT-NOIRE

TRADUITES PAR

MAX. BUCHON

AUERBACH :
Tolpatsch. La pipe. Geneviève.
Toinette. Le Buchmayer. Les frères ennemis.

POÉSIES DE HÉBEL.

PARIS
BORRANI ET DROZ, LIBRAIRES
BERNE
LIBRAIRIE J. DALP
1853

SCÈNES VILLAGEOISES

DE

LA FORÊT-NOIRE

Publié par ED. MATHEY

*

Berne. — Imprimerie HALLER

HÉBEL ET AUERBACH

SCÈNES VILLAGEOISES

DE

LA FORÊT-NOIRE

TRADUITES PAR

MAX. BUCHON

AUF BACH : Tolpatsch. La pipe. Geneviève.
Lorelle. Le Buchmayer. Les frères ennemis.

POÉSIES DE HÉBEL.

PARIS
BORRANI ET DROZ, LIBRAIRES
BERNE
LIBRAIRIE J. DALP
1853

A

MON AMI CHAMPFLEURY.

Voici deux hommes de la Forêt-Noire, Hébel et Auerbach, dont on commence à parler dans le monde littéraire en France, sans les connaître autrement que par ouï-dire.

Ce sont pourtant les deux plus sympathiques représentants littéraires, en Allemagne, de cet art simple et villageois qui a inspiré à notre ami Courbet l'*Enterrement*, le *Retour de la foire*, les *Casseurs de pierres*, les *Demoiselles du village;* à vous, les *Contes domestiques*, et auquel je paierai pour mon compte, quand je serai enfin libre de travailler en paix quelque part, le tribut de quelques *Idylles jurassiennes*.

Hébel écrivait il y a 50 ans. Sa poésie patoise a dans l'original toute la fraîcheur joyeuse d'une marguerite des champs au soleil de mai.

Auerbach est de notre temps, et l'on sent passer dans ses livres le souffle discret de toutes nos inquiétudes modernes.

Hébel a pour confrères plus ou moins heureux dans la poésie populaire allemande : Usteri à Zürich, Kuhn à Berne, Griebel à Nuremberg, Kobbel en Bavière, Sailer et Weitzmann en Souabe, Seidl et Castelli en Autriche, etc.

A côté des *Scènes villageoises* d'Auerbach, rangeons également pour mémoire les Nouvelles Alsaciennes de Weill, dont une traduction française vient de paraître, les Nouvelles Juives de Kompert, les Nouvelles de la Forêt de Bohème de Rank, puis enfin les Nouvelles Bernoises de Jérémie Gotthelf et de Hartmann.

La France n'est pas en arrière non plus, depuis quelque temps, en fait de tentatives analogues plus ou moins réussies. L'âme se calme et se fortifie, à ce qu'il me semble, sur un terrain pareil ; est-il bien vrai qu'il ne s'en dégagera pas aussi pour nous, quelque jour, une esthétique un peu régénérée ?

Berne, le 1er décembre 1852.

MAX. BUCHON.

NOTICE BIOGRAPHIQUE

SUR

HÉBEL et AUERBACH.

§ I. HÉBEL.

Jean Pierre Hébel naquit le 10 mai 1760 à Bâle, où son père, pauvre tisserand du village de Hausen, dans le grand-duché de Bade, était jardinier, et sa mère domestique. Bientôt après son père mourut. Sa mère alors retourna dans son village, et c'est ainsi en courses fréquentes de Hausen à Bâle, et dans la vallée de la Wiese, que se passèrent les premières années du jeune enfant. Quand sa mère fut aussi morte, ce qui ne tarda pas longtemps, des personnes charitables le destinèrent à l'état ecclésiastique, et l'envoyèrent faire ses études au gymnase de Carlsruhe. En 1798 il y obtint une chaire de professeur, et en fut même bientôt nommé directeur.

C'est là qu'il écrivit, dans le dialecte de sa contrée natale, ces charmantes poésies *allémaniques*, qui n'avaient primitivement pas d'autre but que de le consoler de l'éloignement de son village, et que s'assimilèrent de suite avec tant de joie toutes les populations de la Forêt-Noire.

Indépendamment de ces poésies, dédiées par lui aux amis de la nature et des mœurs champêtres, Hébel a aussi publié des histoires de la Bible, rédigées à sa façon pour l'usage des écoles, et un almanach intitulé l'*Ami de la maison*, qui se tira pendant bien des années à 40,000 exemplaires.

Déjà Commandeur de l'Ordre du Lion de Zæhringen, Hébel reçut en 1819 le titre de prélat, c'est-à-dire la charge la plus éminente du clergé protestant, avec le droit de siéger à la chambre haute du grand-duché. Quand il se vit au milieu de l'illustre assemblée, sa première pensée fut pour sa mère défunte : — Que dirait-elle, la pauvre femme, si elle voyait son Jean-Pierre en pareille compagnie ? Hébel était d'une société des plus aimables et des plus gaies. Il resta toute sa vie très étroitement lié avec M. Haufe, orfèvre de Strasbourg, qui avait été son élève.

Pendant sa jeunesse, la fille d'un pasteur avait fait sur lui une vive impression, mais sa pauvreté et sa santé, mauvaise alors, furent considérées par lui comme une double obligation de ne se marier jamais. Plus tard il regretta pourtant de ne l'avoir pas fait.

En 1809, une actrice de talent, nommée Mme Hendel, donna à Carlsruhe plusieurs représentations, en récitant dans les entr'actes quelques morceaux de Hébel. Malgré son titre de conseiller ecclésiastique et ses 49 ans, le poète fut tellement épris du mérite et des grâces de l'actrice, qu'il ne cessa alors de la vanter à ses amis, d'un ton d'émotion souriante et pure, comme tout ce qui émanait de son âme virginale.

— Je comprends très bien, écrivait-il à la fin de l'année 1809, que pendant quatre semaines qu'a passées ici Mme Hendel, j'aie vécu dans un tel tourbillon de merveilles azurées et de flaneries esthétiques, que je ne pouvais écrire. En sus de ses représentations mimiques, elle a donné *Médée* (nous savons ça), *Jeanne d'Arc*, *Orsina* dans *Emilia Galotti*, deux fois la *Phèdre* de Schiller, et une déclamation académique. Mais la manière! Souvent il me semblait, en la voyant dans toute la gloire de son art et de son génie, que je me trouvais en rapport avec un être surhumain, et que cela finirait mal.

Lundi, cela se réalisa presque. Elle déclama ce jour-là au théâtre, deux fois de suite, *Jean et Véronique*, avec un succès énorme. C'était bon. D'après le programme, une scène de *Macbeth* devait suivre, mais ne voilà-t-il pas qu'elle se mit à me sourire avec malice (j'étais à l'avant-scène), comme si elle avait eu une friponnerie en tête, et commença, à ma grande surprise, à déclamer la *Préférence:*

— A Fribourg, dans la ville, on ne voit rien de laid.

c'était encore bon, mais quand elle arriva à :

— Là, dans une chaumière, entre, puis sort quelqu'un ! Qui donc? oh! ne crois pas qu'on le dise à chacun,

au lieu de dire :

— C'est une *elle* et non pas un *lui* qui la première,

elle se tourna vers moi, me sourit et dit :

— C'est un *lui* et pas une *elle*, etc.,

en me désignant. Qu'en dites-vous? Une actrice et un conseiller ecclésiastique en présence du grand-duc, de la cour, du prince de Thurn et Taxis, beaucoup d'étrangers, et 600 autres personnes !

Quelque chose de pareil est-il déjà arrivé à un conseiller ecclésiastique? A moi pas encore ; pourtant cela se passa assez bien. Les longs et bruyants applaudissements l'empêchèrent de finir ; elle remercia, mais pas en silence, tout haut, en ajoutant qu'elle devait ce bonheur (je ne veux pas répéter tout cela ici) à son ami Hébel, dont la présence l'inspirait.

Après le spectacle, j'allai la remercier dans sa chambre par une embrassade, c'était bon aussi; et l'emmenai dans une soirée, où, pour récompense, je lui donnai une représentation héroï-tragique, aussi bien que je le pouvais comme novice. Je me jetai à minuit par une porte de balcon en projet (sans balcon N. B.), que je prenais pour une fenêtre, et par laquelle je voulais vider ma pipe. La moitié la plus lourde du corps resta pourtant dans la salle, quoique ma tête fût à l'air au dehors, et à minuit elle n'était pas non plus très légère. Tout cela sans aucun ennui, sans la moindre frayeur, sans une trace de douleur. Je ne comprends pas que j'aie été si calme et que je m'en sois tiré, maintenant que je suis de sang froid, mais il y a déjà un an que je crois Mme Hendel en possession de secrets artifices. Elle est partie lundi. Depuis lors, moi et son écureuil qu'elle m'a donné, nous faisons deux tristes figures. —

Hébel mourut en 1826 à Schwetzingen, laissant une fortune de 14,000 fr., qu'il se proposait de convertir en une fondation grâce à laquelle les vieillards pauvres de son village eussent reçu gratis une chopine de vin, tous les dimanches, *pour se réchauffer le cœur*. La mort l'ayant surpris subitement, il ne put réaliser son projet. Une montagne qui domine la jolie vallée de la Wiese a reçu son nom. Dans un bosquet du parc de Carlsruhe, un monument en bronze a été élevé à sa mémoire, en 1835, par ses amis et ses admirateurs. On y lit entre autres inscriptions ces vers tirés de ses poésies :

— Lorsque devant tes pas le chemin se partage,
Pour savoir quel côté te convient davantage,
Parle à ta conscience ; indubitablement
Elle te répondra, sachant bien l'allemand.

Et plus loin :

— Malgré la nuit profonde et son obscurité,
Les étoiles aux cieux sont de toute beauté,
Et l'on reconnaît bien à leur clarté chérie,
Comme il fait bon là-haut dans notre autre patrie.

A leur apparition, les Poésies allémaniques de Hébel furent aussitôt applaudies et recommandées par Gœthe et par Jean Paul.

— Je viens de relire pour la cinquième ou sixième fois, écrit Jean Paul dans le *Journal du monde élégant*, ce recueil de chants populaires, qui pourrait trouver place dans celui de Herder, si l'on osait faire un bouquet au moyen d'un autre. Notre poëte allémanique a de la vie et du sentiment pour tout. Chaque étoile, chaque fleur devient pour lui une créature vivante. A travers toutes ses poésies, on est saisi par cette belle appropriation dont il pousse quelquefois la personnification allégorique jusqu'à la hardiesse et à l'humorisme ; comme, par exemple, dans tout le premier morceau : *la Wiese*.

Il est naïf, il tient à la fois à l'art ancien et aux temps modernes ; le plus souvent élégiaque et chrétien, d'autres fois romantique à effroi, *il ne danse jamais sur la phrase*, — il faut le lire, non pas une fois, mais dix fois, comme tout ce qui est simple.

Un doux éclat de soleil couchant rayonne de son âme belle et tranquille, sur toutes les hauteurs qu'il fait surgir.

Il remplace les fleurs poétiques par la déesse des fleurs elle-même, par la poésie. Il embouche d'une main la trompe alpestre des aspirations et des joies juvéniles, tout en montrant de l'autre les reflets du couchant sur les hauts glaciers, et commence à prier quand la cloche du soir se met à sonner sur les montagnes. —

De son côté, Gœthe écrivait dans le *Journal littéraire* de Jéna :

— L'auteur de ces poésies est en train de se conquérir une place à part sur le parnasse allemand. Son talent s'incline de deux côtés opposés. De l'un il observe d'un œil joyeux et frais les objets de la nature qui manifestent leur vie d'une manière palpable par leur accroissement et leur mouvement, et qu'ordinairement nous tenons pour inanimés. Par là il s'approche de la poésie descriptive, tout en sachant néanmoins avec d'heureuses personnifications placer ses tableaux à des hauteurs plus élevées de l'art. De l'autre côté, il s'applique à la didactique morale et à l'allégorie; mais là aussi cette personnification lui vient en aide, et de même que là il trouvait un esprit pour ses corps, de même il trouve ici un corps pour ses esprits. Cela ne lui réussit pas toujours, mais quand cela réussit, son œuvre est parfaite, et nous sommes d'avis que la plus grande partie mérite cet éloge.

Tandis que les anciens animent leur sujet par des figures idéales et divinisent la nature en substituant des Nymphes, des Dryades, des Hamadryades, aux rochers, aux arbres et aux fontaines, notre auteur change les différents objets de la nature en gens de la campagne, et paysanise tout dans l'univers, de la façon la plus naïve et la plus gracieuse, de sorte que le paysage, où l'on ne perd pourtant jamais de vue le paysan, semble ne plus faire qu'un avec lui dans notre imagination transportée et ravie. Du reste, l'auteur a parfaitement saisi le caractère de la poésie populaire, en en dégageant toujours, soit plus délicatement, soit plus fortement, la morale. Si l'homme instruit éprouve dans tout son être une impression de cette œuvre, et veut en tirer une édification plus élevée, l'homme dans une position intellectuelle inférieure cherche en tout la morale, afin de l'appliquer aussitôt à son usage journalier. L'auteur, à notre avis, a pratiqué presque partout et avec beaucoup de goût, le *fabula docet*, si bien que le caractère de la poésie populaire s'exprime, sans que la jouissance esthétique en soit lésée le moins du monde. —

Hébel ne croyait pas à la possibilité de traduire ses poésies en haut allemand. — Ce serait absolument, disait-il, comme si on voulait introduire dans la haute société une fille de village en toilette de ville.

Cependant, après les applaudissements enthousiastes que lui donnèrent Jean Paul et Gœthe, les traducteurs se mirent à l'œuvre. Ces traductions, faites à l'intention des personnes qui ne comprennent pas le dialecte allémanique, sont déjà au nombre de quatre. La dernière date de 1851. Elle est magnifiquement illustrée. Quant à nous, bon nombre des morceaux de Hébel qui viennent ci-après ont déjà été publiés en 1846. A cette époque, plusieurs journaux, la *Revue suisse* entre autres et la *Bibliothèque universelle de Genève*, s'en occupèrent favorablement. En France, quelques journaux en parlèrent aussi : la *Démocratie pacifique*, le *Moniteur des arts*, etc. M. Ste-Beuve, à qui l'auteur prit la liberté d'en adresser un exemplaire, répondit que ce n'était guère que par de pareilles échappées qu'il pénétrait de temps à autre dans la poésie allemande, laquelle était toujours un peu pour lui la *Forêt-Noire*. Qu'il nous soit permis de citer aussi comme renseignement sur la portée de cet essai, le passage suivant de l'article que lui consacra M. le professeur Rapp, de Tubingen, dans les *Annales du présent* (*Jahrbücher der Gegenwart*), en février 1847; nous traduisons :

— L'Idylle hébelienne est dans la littérature allemande, qui comporte cependant tant d'extravagances, quelque chose de si complétement à part, que nous ne la comprenons pas nous-mêmes dans le cercle ordinaire de la littérature. A nous, Allemands du sud, à qui Hébel tient si fortement au cœur, cela nous fait déjà mal quand on nous dit que quelqu'un a cherché à traduire ces poésies en haut-allemand; il y a là pour nous comme une profanation de l'intimité avec laquelle nous honorons ces produits. Qu'il surgisse maintenant un traducteur français de ces mystérieux trésors, et il tombera nécessairement sur nous une sorte d'épouvante, à voir un étranger oser évaporer ainsi dans la langue européenne de tout le monde, une chose qui exprime tout ce que nous avons de plus intime et de plus national.

Et pourtant, dans ce dernier cas, nous nous trouvons en erreur. Que notre langue allemande officielle ne soit pas apte à exprimer toute la teneur d'une poésie dialectique, cela est hors de question, car si Hébel avait pu dire les mêmes choses en haut-allemand, pour quelle raison eût-il choisi cette forme poétique-là, toute familière qu'elle lui fût? Mais qu'un idiôme tout à fait étranger soit aussi impropre à la même chose, c'est une conclusion précipitée et nous nous sommes convaincus de cette vérité en parcourant ce petit livre.....

— D'abord vient la Wiese. La traduction prend tout au court. C'est souvent plutôt un *excerpt* qu'une véritable traduction. Mais il faut dire que vouloir tout conserver dans cette forme et dans cette langue n'était pas possible. Pour nous, le plus intéressant se trouve peut-être perdu, mais il en reste toujours assez pour rendre la chose appréciable à un Français, et ici c'est l'essentiel.

— Ensuite, il est justement bien plus difficile d'excerper une poésie en français que d'étendre l'étoffe en paraphrasant, ce que faisaient toujours les précédents traducteurs. M. Buchon a du moins évité en partie cette faute. Il ne manque cependant pas non plus dans ces poésies de petites méprises qui par-ci par-là touchent même au comique. Toutefois, après les observations ci-dessus, il est encore dans le fait digne d'admiration qu'un étranger ait pu tirer un tel parti de ce poète.

§ 2. AUERBACH.

Berthold Auerbach est né le 28 février 1812, à Nordstetten, dans cette partie de la Forêt-Noire qui appartient au Wurtemberg. Ses parents étaient des paysans juifs et avaient onze enfants. Auerbach vécut dans son village jusqu'à l'âge de douze ans. A cet âge, ses heureuses dispositions se faisant remarquer, on l'envoya à l'ennuyeuse école du Thalmud, à Hechingen, avec l'espoir d'en faire un Rabbin. Mais bientôt il reconnut lui-même, à Carlsruhe, où il était venu compléter son instruction judaique, combien une pareille carrière était incompatible avec son caractère. Il joignit donc les études classiques à ses études des langues orientales et se voua définitivement à la vie civile. Il entra alors au gymnase de Stuttgard, puis il alla essayer un cours de droit à Tubingen, mais le Code ne lui sourit pas plus que le Thalmud. Il trouva plus d'intérêt aux leçons philosophiques du docteur Strauss, et les suivit assidument.

Plus tard, à Munich, et enfin à Heidelberg, il suivit également les cours de Schelling et de plusieurs autres célèbres professeurs.

Cependant la *Burschenschaft* avait repris depuis quelque temps un nouvel élan dans les universités. Les neuf dixièmes de la jeunesse impatiente en faisaient partie, avec la prétention de résumer en elle la *Jeune Allemagne.* Les arrêts de la Diète auxquels avait donné lieu le coup de poignard de Carl Sand, étaient encore en vigueur. Les conférences de Hambach enrichirent le Code pénal allemand de quelques solides paragraphes, puis arriva l'affaire de Francfort qui entraîna une masse de procès politiques. Auerbach en sut quelque chose, il fut arrêté à Munich. On lui permit pourtant de continuer ses études, mais les enquêtes allaient toujours leur train, et aboutirent à lui valoir plusieurs mois de détention dans la citadelle de Hohenasperg près de Stuttgard.

A cette époque, Auerbach avait déjà publié une petite brochure de collégien sous le voile de l'anonyme, intitulée : le *Judaïsme et la Littérature nouvelle*. Ensuite il publia le *Ghetto*, qui comprenait deux romans juifs, l'un intitulé : — *Spinosa* (1827), et l'autre : — *Le poète et le marchand* (1839). Le premier est une sorte d'introduction biographique aux œuvres complètes de ce philosophe juif, dont il entreprit alors l'édition, et dont il fit même la traduction quelques années après.

Le second a pour sujet la vie de l'épigrammatique poète juif Moïse Ephraim Kuh. Le *Ghetto* clôt la phase judaïque de la vie littéraire d'Auerbach.

En 1841, il publia quelques contes sous le titre de *Soirées allemandes*, puis viennent bientôt après ces charmantes *Scènes villageoises* : Tolpatsch, la Pipe de guerre, Geneviève, Toinette, le Buchmayer, les Frères ennemis, Ivo, Florian et Crescence, et le Maître d'école de Lauterbach, qui obtinrent, dans toute l'Allemagne, un succès si immense et si durable. Ces Scènes villageoises furent lues et relues par les gens de toutes les opinions et de tous les partis. Cette œuvre, sans autre prétention que celle de mettre poétiquement en lumière la simple vie du peuple, ne tarda pas à être aussi remarquée au dehors. M. H. René Taillandier lui consacra, en 1846, dans la *Revue des deux Mondes*, un chaleureux article, où il s'exprimait ainsi :

— Quel est le sujet du livre de M. Auerbach? La vie des paysans de son pays, la peinture de la pauvre commune perdue dans la forêt, les mœurs rudes, naïves, du laboureur et du bûcheron. Nous quittons, et Dieu en soit loué ! le boudoir de la comtesse Hahn-Hahn, les salons de M. de Sternberg, et tout ce monde équivoque où la *jeune Allemagne* prêchait, comme on dit, la réhabilitation de la matière. Cette société fausse, guindée, si peu réelle, si peu allemande surtout, nous en voilà délivrés. Je ne sais quel souffle embaumé me vient au visage ; c'est une bouffée de printemps, un air pur et vivace qui a passé par la ferme, au-dessus des sillons fraîchement remués, à travers les chênes de la Forêt-Noire.

— Il n'a pas fait de ses personnages les représentants d'un système ; il ne les a pas transformés en tribuns et en prédicants ; il les a aimés, il les a peints sur sa toile avec leur physionomie franche et vraie, avec leur bonhomie caustique, avec leurs vices quelquefois, car il leur doit des conseils et des leçons. Le soldat et le bûcheron, le curé et le maître d'école, le villageois qui émigre, le séminariste qui regrette la maison paternelle, la jeune fille séduite, le vagabond, que sais-je ? ils y sont tous. Le tableau est vaste, compliqué, et présente plus d'un écueil. Immermann écrivait simplement un épisode ; ici, c'est toute une société, pour ainsi dire. L'auteur ne va-t-il pas se répéter ? Évitera-t-il la monotonie d'une inspiration unique ? Ces craintes sont permises ; cependant, lorsqu'on a vu, dès les premières pages, cette sobriété de détails, cet amour contenu, ces leçons directes ou cachées, ce sentiment populaire et libéral, discrètement ménagé, et qui anime toutefois ces vivants tableaux, on est vite rassuré ; cette tâche si difficile est confiée à un artiste sérieux qui la peut mener à bien. —

Auerbach ne se contente pas d'être le peintre de la vie populaire, pour l'agrément du beau monde, il songe aussi à l'urgence de porter dans le peuple l'instruction et la lumière. Dans ce but, il publie de 1845 à 1848 un almanach intitulé le *Compère*, qui se vendait annuellement au nombre de 80,000 exemplaires. Entre-temps paraît le second volume de ses *Scènes villageoises*, comprenant : les *Repris de justice*, la *Femme du Professeur*, et *Lucifer*. Avec tout le charme émouvant du premier, ce volume a pourtant quelque chose de plus pénétrant encore. Le premier fait rêver, le second fait penser. Vers la même époque, Auerbach publie aussi dans un volume intitulé *Schrift und Volk*, *Livre et peuple*, ses ingénieux aperçus sur cette grave question de l'art populaire, et cela sous les auspices du nom et des œuvres de Hébel.

Auerbach, qui s'était marié à Breslau, ayant perdu sa femme, demeura retiré dans sa douleur pendant les événements de 1848. Une seule fois on le vit prendre la parole dans une assemblée populaire, pour combattre avec un plein succès les prétentions du panslavisme à envahir tout le parcours de l'Oder. Il était à Vienne au moment de la révolution autrichienne. Son *Journal de Vienne* contient ses souvenirs de cette époque. De là il visita le Tyrol, où il conçut l'idée d'une tragédie sur *Andréas Hofer*, le héros de l'indépendance montagnarde contre Napoléon. Cette tentative ne fut pas heureuse.

En 1851 parut la seconde édition de ses *Soirées allemandes*, comprenant : *Les Hommes aimés*, *Qu'est-ce que le bonheur? la Fille du forestier*, et *le Joueur de violon*. Sa dernière publication est un roman en trois volumes, intitulé : *Vie nouvelle*. Ce roman se rattache d'une manière plus nette encore et plus intime à ses précédents travaux populaires, et représente la vie du peuple après les dernières révolutions, comme ses livres antérieurs la représentaient avant ces événements.

Le troisième volume des *Scènes villageoises* doit paraître incessamment. Le premier a été traduit dans toutes les langues de l'Europe, et en anglais notamment, par Miss Taylor.

Auerbach, devenu protestant, s'est remarié depuis peu ; il habite actuellement Dresde.

Un dernier mot avant de finir. Dans sa cavalière préface de ses *Histoires de village*, M. Weill nous apprend qu'il était chargé jadis des *éreintements* philosophiques de M. Gutzkow. Aujourd'hui il éprouve le besoin d'*éreinter* M. Auerbach et appelle les nouvelles de celui-ci *les plus médiocres de toutes,* tout en constatant d'assez mauvaise grâce leur immense succès. Ce sont là des allégations qui demanderaient des preuves. M. Weill n'en donne pas. Quant à nous, l'estime que nous faisons du talent de M. Weill ne peut nous empêcher d'apprécier aussi celui de M. Auerbach, précisément à cause de leur profonde dissemblance. Il y a, selon nous, place pour tout le monde au soleil de l'art. Nous sommes enchantés que M. Weill ait enfin *daigné se traduire en français,* ayant lu avec infiniment de plaisir les Nouvelles alsaciennes en 1847, quand les deux dernières parurent en volume, avec préface de M. Heine, comme supplément à la première édition. Nous sommes seulement surpris que M. Weill, qui a l'immense avantage d'écrire si vigoureusement les deux langues, et de pouvoir se mettre en rapport direct avec le public des deux rives du Rhin, se montre aujourd'hui si exclusif envers un absent. Si la générosité est exclusivement la vertu des forts, l'impartialité nous semble devoir être au moins celle de tout le monde.

SCÈNES VILLAGEOISES.

PREMIER RÉCIT.

TOLPATSCH.

Je te vois toujours devant moi, mon bon Tolpatsch, avec cette tournure si gauche, avec ces blonds cheveux rasés si près, et dont il ne te reste plus qu'une couronne sur la nuque. Oui, c'est bien toi qui me regardes ainsi, avec cette large figure, ces grands yeux bleus tout écarquillés, et cette vaste bouche toujours entr'ouverte.

Autrefois, quand tu m'allais chercher, dans cette charrière où il y a aujourd'hui des maisons neuves, quelques branches de tilleul en sève pour m'en faire un sifflet, la pensée ne nous venait assurément guère qu'un jour je sifflerais quelque chose au monde sur ton compte, tout éloignés que nous voilà maintenant l'un de l'autre.

Je me rappelle encore au grand complet tout ton accoutrement, ce qui, il est vrai, n'est pas fort difficile, car chemise, bretelles rouges, et noir pantalon de lin obligé de faire face à toutes les occurences, ainsi se résumait l'affaire.

Le dimanche, c'était autre chose. Pour ce jour-là, tu avais ta belle casquette sans visière, bordée de fourrure et ornée d'une petite houppe d'or sur le milieu du fond; ta veste bleue à larges boutons, ton gilet écarlate, ta culotte de peau jaune, tes bas blancs, tes gros souliers ferrés, aussi bons que d'autres, après tout, et, le plus souvent, un œillet rouge, tout fraîchement cueilli, passé derrière l'oreille; mais tu ne te trouvais pas à l'aise dans cette toilette. Je m'en tiendrai donc avec toi au costume de la semaine.

Maintenant, mon cher Tolpatsch, ne prends pas ceci à mal; mais, je t'en prie, va-t-en, car je ne prétends pas te raconter à toi-même ta propre histoire, face à face. Sois fort tranquille, en tout cas: je ne dirai point de mal de toi, bien que me servant de la dénomination *lui* pour en parler.

Il faut vous dire d'abord que le nom de Tolpatsch représente à lui seul toute une généalogie, car on l'appelle assez volontiers le fils à Bartholomée Sébastien, tandis que son nom de baptême est simplement Aloys. Nous nous en tiendrons encore à ce nom-là afin de lui être agréable, car c'était pour lui un vrai plaisir que de s'entendre ainsi nommer ; et ce plaisir, personne, hélas ! sauf sa mère Marie et nous autres petits enfants, personne ne pouvait se résoudre à le lui procurer. Tous les autres l'appelaient durement Tolpatsch. Aussi, malgré ses dix-sept ans, venait-il avec nous de préférence, soit pour jouer en petite troupe dans quelque endroit écarté, soit pour courir à travers la campagne.

Quand Tolpatsch.... non, dis-je, quand Aloys était avec nous, nous étions en sûreté contre les attaques des enfants des mineurs, ce qui était pour nous un grand avantage, car la jeunesse du village était presque toujours partagée en deux armées rivales qui ne manquaient jamais, où qu'elles se rencontrassent, de s'attaquer avec le plus inexorable acharnement.

Cependant, les camarades de notre Aloys commençaient à jouer un certain rôle dans le village. Chaque soir, ils se rassemblaient et circulaient par la commune, en chantant et sifflant comme de tout grands garçons, ou bien stationnaient près des tas de bois devant l'auberge de l'*Aigle*, et agaçaient de là toutes les filles qui venaient à passer.

L'insigne le plus caractéristique du tout grand garçon étant la pipe, chacun de ces messieurs avait aussi la sienne, avec couvercle et chaînette en argent ; pour la tête, elle était en bois mâdré, comme on les fabrique à Ulm. Le plus souvent ils se contentaient de l'avoir à la bouche, sans le moindre feu; d'autres fois, pourtant, l'un deux se hasardait à aller, dans la cuisine, demander un charbon ardent à la domestique du boulanger voisin, et souriait alors d'un air de satisfaction à la fumée qu'il en faisait sortir, bien qu'en réalité cela lui soulevât le cœur.

Notre Aloys, lui aussi, avait déjà fait ses preuves en ce genre, mais toujours en cachette. Un dimanche soir, il s'aventura à laisser le tuyau de sa pipe sortir un tant soit peu de sa poche de côté, et rejoignit ainsi ses camarades. L'un d'eux vint aussitôt à lui et arracha la pipe de sa poche, en criant *Halloh!* d'un air triomphateur. Aloys voulut protester; mais la pipe voyageait déjà de main en main, au milieu des éclats de rire; et, quand il en vint à la réclamer avec plus d'instance, la pipe avait disparu, et tout le monde prétendait ne plus l'avoir. Aloys, tout en larmes, continuait pourtant à les tirailler les uns après les autres, en les sommant de lui rendre sa pipe; mais les éclats de rire n'en devenaient que plus bruyants; sur quoi le pauvre Aloys empoigna le bonnet du premier qui lui avait pris sa pipe, et s'enfuit avec chez Jacques, le maréchal. Alors seulement, le *sans-bonnet* se décida à lui rapporter sa pipe, qui était demeurée cachée dans le tas de bois.

La maison de Jacques Bomüller, le maréchal, était l'unique but de toutes les sorties d'Aloys. Il était toujours là quand il n'était pas chez lui, et il ne restait plus chez lui dès l'instant qu'il n'y avait plus à faire. La femme de Jacques, le maréchal, était sa cousine, et, je le répète, excepté sa mère, nous autres petits enfants, dame Apollonie et Marannelé, sa fille aînée, personne ne l'appelait par son véritable nom, Aloys.

Aloys se levait toujours de très bonne heure. Sitôt qu'il avait donné à manger et à boire à ses deux vaches et à son veau, il allait chez Jacques, frappait à la porte jusqu'à ce que Marannelé vînt lui ouvrir, et, après un simple bonjour, arrivait, en passant par l'écurie, à la grange. Les bêtes le connaissaient et le saluaient toujours d'un mugissement sympathique, en tournant vers lui la tête, mais Aloys répondait alors à peine à ces avances, tant il avait hâte d'arriver à la grange, et de donner aux deux bœufs et aux deux vaches leur habituelle ration de foin. C'était surtout avec la *Brunette* que maître Aloys était en bons rapports, l'ayant élevée lui-même dès l'âge où elle n'était qu'un veau. Aussi, quand il était près d'elle et qu'elle voyait arriver sa pitance, lui léchait-elle joyeusement les mains, ce qui advenait ainsi juste à point, comme complément non superflu à sa toilette du matin. Aloys n'entrait jamais dans l'étable, pour y remettre un peu les choses en ordre, sans adresser à ses bêtes quelques affectueuses paroles, tout en les faisant se ranger tantôt d'un côté, tantôt d'un autre. Pas un fumier, dans tout le village, n'était aussi large et carrément posé avec autant de grâce que celui qui s'étalait devant la maison de Jacques, le maréchal. Or, c'est là, comme on sait, un des plus importants ornements d'une bonne maison de ferme. Aloys mettait tant de soins à laver et à étriller ses bêtes, qu'on eût vraiment pu se mirer dans le lustre de leur poil. Ensuite il allait à la fontaine, devant la maison, pompait de l'eau plein l'auge, puis faisait sortir son bétail; et, pendant que ses bêtes buvaient dehors, lui, au-dedans, renouvelait leur litière.

Si, maintenant, Marannelé venait à l'écurie pour y traire les vaches, voilà que tout y avait repris un air de souriante propreté. Parfois, quand une vache difficile regimbait et ne voulait pas se laisser traire, Aloys s'approchait d'elle, étendait la main sur son échine, et Marannelé trayait ainsi tout à fait à l'aise ; mais le plus souvent il était alors occupé à autre chose.

Que Marannelé lui dise, comme cela arrivait quelquefois : Aloys, tu es tout de même un bon garçon !... et lui, sans seulement lever les yeux sur elle, se mettait là-dessus à balayer si fort, qu'on eût pu croire qu'il voulait sérieusement arracher du sol les pavés de l'étable. Ensuite, il allait à la grange hâcher du foin pour tout le jour, et quand son modeste travail était terminé, il montait l'escalier, approvisionnait d'eau la cuisine et fendait le bois, sauf à passer définitivement à la chambre.

Alors Marannelé apportait la soupière, la mettait sur la table, puis joignait les mains, et chacun en faisait autant en répétant après elle le *Benedicite*.

Dès qu'on avait fait là-dessus le signe de la croix,

chacun se mettait à table avec un *Dieu merci!* des mieux articulés. Tout le monde mangeait à la même soupière, de façon qu'Aloys choisissait presque toujours, pour remplir sa cuillière, l'endroit où Marannelé venait elle-même de remplir la sienne. Autour de cette table, chacun était grave et recueilli, comme s'il se fût agi d'une œuvre pie. Bien rarement y échangeait-on la moindre parole. Le repas fini et les grâces dites, Aloys s'en retournait paisiblement chez lui.

Ainsi vécut-il jusqu'à l'âge de dix-neuf ans. Or, comme au nouvel-an Marannelé lui faisait toujours cadeau d'une chemise dont elle-même avait broyé et filé le chanvre, qu'elle-même avait blanchie et cousue, il se trouvait véritablement le plus heureux des hommes.

Cela lui faisait pourtant bien quelque peine de ne pouvoir aller par les rues sans veste ce jour-là; il n'eût certainement rien senti au froid le plus violent; mais on se serait moqué de lui, et Aloys devenait toujours plus sensible aux railleries de son entourage.

Ce surcroît de timidité avait surtout pour cause un certain domestique du vieux bourgmestre, arrivé seulement depuis la moisson dans la commune. Ce domestique s'appelait Jörgli, il avait servi dans la cavalerie, et portait presque toujours, depuis, sa casquette militaire. C'était un assez joli garçon, à figure pleine de suffisance, qu'une moustache rouge faisait mieux ressortir encore.

Le dimanche, quand il se promenait par le village

avec sa tenue raide et hautaine, la pointe du pied en dehors, ses éperons sonores aux talons, son bonnet militaire sur l'oreille, et un pantalon garni de cuir aux jambes, tout en lui semblait dire : Je suis sûr que toutes les filles raffollent ici de moi !

Chaque fois qu'il menait boire ses chevaux à la fontaine de Jacques, le pauvre Aloys sentait son cœur bondir dans sa poitrine, car chaque fois il surprenait Marannelé qui guettait Jörgli par la fenêtre. Combien n'eût-il pas donné alors pour qu'il n'y eût plus au monde ni lait, ni beurre, et pour être, lui aussi, écuyer.

Tout bonace qu'il était, notre Aloys n'en comprenait pas moins à merveille l'énorme différence qui existe entre ces trois états : de vacher, de bouvier et d'écuyer.

Les plus pauvres de tous sont les vachers, obligés de tirer de leur bétail, non-seulement le lait et les veaux, mais encore le voiturage. Puis viennent les bouviers, qui, leur voiturage terminé, peuvent engraisser leurs bœufs et les vendre au boucher. Au premier rang figurent enfin les paysans possesseurs de chevaux, lesquels chevaux ne donnent pourtant, en sus du voiturage, ni lait, ni viande, bien qu'ils mangent le meilleur foin et coûtent le plus cher. Mais ce n'était pas précisément cela qui préoccupait alors Aloys.

Au nouvel an, par exemple, il revint ainsi à Jörgli une excellente aubaine en sa qualité d'écuyer. Sitôt la messe dite, il mena promener en traîneau, jusqu'à Empfingen, la fille du bourgmestre et Marannelé, son intime amie. Bien qu'Aloys eût le cœur navré de cette préférence, il n'en céda pas moins aux invitations de Jörgli, quand celui-ci le pria de lui aider à essayer son attelage au traîneau. Il l'accompagna même bonnement tout le long du village, sans penser à la triste figure qu'il faisait à côté du beau et vaniteux militaire.

Aussitôt que les jeunes filles furent installées, Aloys prit les chevaux par la bride, et courut ainsi avec eux jusqu'à ce qu'ils fussent bien en train; puis enfin il laissa aller seuls les heureux promeneurs. Et quand Jörgli fut ainsi parti avec les jeunes filles, au vacarme des grelots, du claquement du fouet, et à la vue de la moitié de la commune, Aloys resta encore bien longtemps là à les regarder, quoiqu'ils eussent presque aussitôt disparu.... tout en maugréant, hélas! contre cette neige stupide qui lui arrachait de l'eau des yeux; puis il s'en retourna tristement au logis.

C'était alors pour lui absolument comme si tout eût été mort dans le village. Il ne devait pas y revoir Marannelé de tout le jour.

Ce fut surtout à dater du commencement de cet hiver que notre Aloys devint sombre et taciturne. Souvent les jeunes filles se réunissaient le soir chez sa mère pour filer. Elles choisissent toujours, pour ces sortes de réunions, soit une de leurs amies nouvellement mariée, soit quelque veuve aux manières affables, car de vieux chefs de famille gêneraient par trop l'expansion de leur insouciante gaîté.

Les jeunes filles venaient donc souvent chez la mère Marie, et les jeunes garçons aussi, bien entendu.

Jusque-là Aloys s'était fort peu inquiété qu'on le laissât seul dans son coin, occupé à ne rien faire. Maintenant il se répétait à tout moment, à part lui : Aloys, que diable! voilà que tu as dix-neuf ans passés ; il est bien temps, il me semble, que tu te mettes à la tête de quelque chose ! Puis aussitôt il en revenait à cette autre idée : Si seulement le diable prenait tous les jours une once de ce maudit Jörgli!... Jörgli était sa bête noire, parce que, bien que domestique (ce qui ne constituait pas ici, après tout, une très énorme différence), Jörgli avait bien vite pris la haute main sur tous les jeunes gens du village, lesquels ne dansaient plus désormais qu'au son de son sifflet. Or, comme il sifflait, chantait et faisait la roulade avec un talent tout particulier; comme il s'entendait fort bien à raconter les histoires, c'était lui qui apprenait aux filles et aux garçons toutes les chansons nouvelles, entre autres celle du *Cavalier*, commençant par ce mot : *L'aurore*, etc.

Quand il chanta pour la première fois le couplet :

> Tu te tiens fière de ta joue,
> Parce que le lait s'y joue, etc.

Aloys se leva tout à coup, plus grand qu'on ne l'avait jamais vu, crispant ses poings en signe *de satisfaction*, et faisant même grincer ses dents les unes contre les autres. On eût vraiment dit alors qu'il allait manger des yeux Marannelé, laquelle se trouvait en ce moment tout à fait en rapport avec les paroles de la chanson.

Les jeunes filles s'asseyaient ordinairement en

cercle, munies de leurs belles quenouilles à pommeaux dorés, autour desquelles le chanvre était retenu par un magnifique ruban. Quant à leur fil, elles l'humectaient simplement à leur bouche, et l'enroulaient sur le fuseau diligent qui pendait à leur côté jusqu'à terre. Aloys se trouvait toujours heureux de pouvoir offrir à la compagnie quelques rafraîchissements, tantôt un plat de pommes, tantôt un plat de poires, qu'il plaçait alors près de Marannelé, afin qu'elle y puisât plus à son aise.

Au commencement de l'hiver, il atteignit sa majorité. Marannelé reçut de lui une belle quenouille neuve, toute garnie d'étain. Quand elle l'apporta pour la première fois à la réunion filante, Aloys s'avança devant elle, comme elle venait de prendre place, empoigna la quenouille par le pommeau et entonna le vieux couplet :

— Permettez moi, mademoiselle,
De secouer sur votre sein de lis,
Tous les beaux anges que recèle
Votre quenouille dans ses plis.
Cette quenouille, elle est de bois vulgaire,
Si ses deux bouts étaient garnis d'argent,
Je comprendrais que vous fussiez si fière
Et parlerais d'un ton plus engageant.

Aloys avait prononcé ce couplet avec une aisance tout à fait inaccoutumée, bien que de temps en temps sa voix se fût mise à trembler quelque peu. Marannelé baissa d'abord les yeux sur son sein, tant par pudeur que par anxiété, pendant qu'Aloys, lui, demeurait court; mais quand elle s'aventura de nouveau à le regarder, ce fut avec des yeux resplendissants.

Alors, d'après le vieil usage du pays, elle laissa tomber à terre son fuseau et le peson y attenant, que releva aussitôt Aloys; et Marannelé dut lui promettre pour le fuseau un plat de *knœpfles* (¹), et pour le peson un gâteau de carême.

Mais le meilleur était resté pour la fin. Il rendit aussi la quénouille, que Marannelé lui paya par un gros baiser. Aloys le fit claquer si fort qu'on l'entendit dans toute la chambre, au grand dépit de tous les garçons qui se trouvaient là, ce qui ne l'empêcha pas d'aller se rasseoir dans son coin, en se frottant les mains, tout enchanté qu'il se trouvait enfin de lui même et de tout le monde. Mais cela ne dura pas longtemps ainsi, car Jörgli était toujours là... Jörgli son rabat-joie !

Un soir celui-ci pria Marannelé, qui était première chanteuse à l'église, de chanter la chanson de la *Fille brune*. Marannelé commença sans trop se faire supplier, pendant que Jörgli faisait, lui, le second-dessus, mais avec une telle précision, que tous les autres, qui d'abord chantaient aussi, se turent insensiblement pour les écouter, tant ils chantaient admirablement tous deux. Marannelé, se sentant ainsi abandonnée de ses compagnes, perdit d'abord toute son assurance, et poussait du coude ses voisines pour les stimuler un peu. Voyant à la fin qu'elle ne pourrait rien obtenir, elle se remit en train, mais avec tant de verve,

---

(¹) Grumeaux de pâte cuits dans le beurre.

qu'on eût dit qu'elle ne s'arrêterait plus, emportée qu'elle était par la voix libre et puissante de Jörgli, ainsi que l'eussent emportée ses deux bras vigoureux. Ils chantaient :

— Demain matin je vais me mettre en route,
Ma belle brune, aux longs regards si doux ;
Demain matin je vais me mettre en route
Pour m'en aller bien loin, bien loin de vous.

Quand je serai sur la route étrangère,
Promets-moi bien, ô ma chère beauté,
De n'accepter jamais le moindre verre
De vin sans boire un coup à ma santé.

Je veux charger mes pistolets, ma belle,
Et faire feu des deux en te quittant,
Pour t'honorer puisque tu m'es fidèle
Malgré tous ceux qui me jalousent tant.

Deux astres plus éclatants que la lune
Luisent pour moi dans le ciel souriant,
L'un sur ton front, ma belle fille brune,
Et l'autre sur le sol tout verdoyant.

Mets un ruban à mon sabre fidèle,
A mon chapeau mets un bouquet joyeux,
Et dans ma poche un mouchoir, ô ma belle,
Pour essuyer au loin mes pauvres yeux.

En avant donc, pour franchir la barrière
De l'éperon je presse mon cheval,
Les yeux pourtant retournés en arrière,
Pour voir encor ma brune au fond du val.

Sitôt que toutes les fileuses eurent rempli quatre ou cinq fuseaux, on poussa la table dans un coin ; et, sur l'espace, large de deux ou trois pas, qu'on avait ainsi obtenu, on se mit à danser, avec les chants de ceux qui restaient assis pour tout orchestre.

Quand vint le tour de Jörgli et de Marannelé, il entonna lui-même une roulade campagnarde, et se mit à valser à l'unisson, aussi rapidement et sans absorber plus de place qu'un fuseau, car il tenait à se montrer danseur habile et capable de danser partout sans gêne, fût-ce même sur le fond d'une assiette.

Au moment d'en finir avec Marannelé, il l'emporta encore une fois dans un élan si fort, que l'ampleur de sa jupe en vola de tous côtés. Ensuite Marannelé le fit asseoir tout à coup, puis courut, comme si elle venait de lui échapper, vers le coin d'où Aloys la regardait tristement, et dit à celui-ci, en lui prenant la main :

— Viens, Aloys, il faut que tu danses aussi.

— Laisse-moi, tu sais bien que je ne sais pas danser ; tu veux te moquer de moi.

— Tol... reprit Marannelé ; elle voulait dire Tolpatsch ; mais elle s'interrompit tout court, quand elle vit sa figure déjà tellement décomposée par la douleur, qu'il était, certes, plus près de pleurer que de rire, puis elle reprit, d'un ton affectueux :

— Non ! bien sûr, non ! je ne veux pas me moquer de toi ; viens, et si tu ne sais pas, toi aussi, danser, il faut que tu apprennes, et je danserai avec toi tout aussi volontiers qu'avec un autre.

Elle essaya donc avec lui une ronde ; mais Aloys brandillait ses jambes comme s'il eût eu mis des sabots, de sorte qu'à force de rire, les autres qui chantaient, ne purent plus chanter du tout.

— Eh bien! je t'apprendrai quand nous serons seuls, lui dit Marannelé pour le consoler.

Cependant les jeunes filles allumaient leurs lanternes et songeaient à retourner au logis. Aloys n'oublia pas de les accompagner. Pour tout au monde, il n'eût pas laissé Marannelé s'en aller seule avec les autres, quand Jörgli se trouvait là.

Par cette nuit neigeuse et tranquille, les caquetages et les plaisanteries des filles et des garçons retentissaient au loin dans le village. Pendant ce temps-là, Marannelé restait silencieuse, en évitant de se trouver au voisinage de Jörgli.

Quand chacun fut arrivé devant chez soi, celui-ci dit à Aloys :

— Tolpatsch, tu aurais dû rester cette nuit avec Marannelé.

— Insolent! répondit Aloys, puis il disparut. Tous les autres se mirent à rire après lui. Quant à Jörgli, il continua tout seul ses *hallalis* par les rues jusque chez lui; de façon que chacun, sauf les dormeurs et les malades, dut en avoir le cœur tout émerveillé.

Le lendemain matin, quand Marannelé vint traire les vaches, Aloys lui dit :

— Vois-tu, Marannelé, il faut décidément que j'empoisonne ce chien de Jörgli, et toi, il faut que tu le maudisses jusque dans la fosse, si tu veux être une brave fille.

Marannelé se rangea complètement à son avis, tout

en cherchant néanmoins à lui persuader qu'il devrait tâcher de devenir, lui aussi, un garçon aimable comme Jörgli. A cette insinuation, une grande pensée s'empara tout à coup d'Aloys. Il partit d'un douloureux éclat de rire, jeta au loin le vieux balai à manche rugueux et inflexible qu'il tenait, pour en saisir un tout neuf dont le manche était des plus souples, et conclut enfin à haute voix :

— Eh bien oui !... Cela te fera ouvrir la bouche et les yeux d'étonnement... Fais seulement bien attention.

Marannelé n'en exigea pas moins qu'il restât toujours en *bonne amitié* avec Jörgli ; ce qu'il finit par promettre après une longue résistance, car, en fin de compte, il en passait toujours par où elle voulait.

Ce jour-là encore, par exemple, il aida Jörgli à arranger son traîneau ; ce jour-là encore, par exemple, la neige lui fit couler de l'eau des yeux, juste à l'instant où il les regardait partir.

Le soir, à la nuit tombante, il mena boire ses vaches à la fontaine de Jacques. Il y trouva réunis quelques jeunes gens dont Jörgli faisait partie, ainsi qu'un juif, son ami, nommé Jokkel (le fils au grand Herz), et sorti du même régiment que lui. Marannelé était à sa fenêtre. Aloys tâchait d'imiter les allures de Jörgli. Il cheminait aussi raide que s'il eût eu avalé un bâton et tenait ses bras aussi rigidement collés contre lui que s'ils eussent été de bois.

— Tolpatsch ! s'écria Jokkel, que me donnes-tu si je te fais épouser Marannelé ?

— Un grand coup de poing sur la gueule, lui répondit Aloys en reconduisant ses vaches. Aussitôt la fenêtre se ferma, et toute l'assistance se mit à rire à gorge déployée, Jörgli le tout premier.

En rentrant dans l'étable, Aloys essuya du revers de sa manche la sueur glaciale qui couvrait son front, tant il lui en avait coûté pour maîtriser sa colère; puis il resta longtemps, assis sur la crèche de ses vaches, à ruminer son projet, qui fut bientôt irrévocablement arrêté dans sa tête.

Aloys avait ses vingt ans révolus. La conscription approchait. Quand le jour en fut arrivé et qu'il fallut aller à Horb, le chef-lieu, avec les autres jeunes gens de son âge, il se rendit encore une fois chez Marannelé, dans ses plus beaux habits, pour savoir si elle n'aurait pas quelque commission à lui faire faire en ville.

En le reconduisant, Marannelé l'arrêta un instant dans le corridor, et tira de son sein un petit papier bleu renfermant un kreutzer, qu'elle donna à Aloys.

— Tiens, prends cela, lui dit-elle, c'est un kreutzer de bonheur. Regarde, il y a trois croix dessus. Tu sais, la nuit, quand les rayons blancs de la lune dardent sur la terre, il tombe aussi chaque fois un plat d'argent. Avec ce plat, l'on fait des kreutzers. Or, quand on a un de ces kreutzers-là dans son sac, on a aussi avec soi le bonheur. Prends donc celui-ci, et tu es sûr d'avoir un bon numéro.

Aloys prit le kreutzer; mais, en passant sur le pont du Neckar, il chercha dans sa poche, ferma les yeux et jeta le kreutzer à l'eau.

— Je n'en veux point, moi, de leur bon numéro !
Je veux être soldat, moi ! Un peu de patience, l'ami
Jörgli !

Ainsi se disait-il, en crispant ses poings et se
frappant résolument la poitrine.

Le bourgmestre attendait les conscrits de son
village à l'auberge de l'*Ange*. Quand ils furent tous
réunis, il se mit en route avec eux pour le chef-lieu.
Le bourgmestre était un paysan aussi borné que
présomptueux. Il avait été autrefois sous-officier,
faisait aujourd'hui l'important personnage avec ce
qu'il appelait sa *charge*, et traitait volontiers tous
les paysans, jeunes et vieux, comme des recrues.
Chemin faisant, il dit à Aloys :

— Tolpatsch, tu vas bien certainement ramener le
meilleur numéro. Après tout, quand même tu aurais
le n° 1, tu n'as pas à t'inquiéter, car, sérieusement, on ne saurait faire un soldat de toi !...

— Qui sait ? répondit vertement Aloys ; je puis
être tout aussi bon sous-officier qu'*un autre* ; je sais
tout aussi bien lire, écrire et compter qu'*un autre*.
Avec cela, que les anciens sous-officiers n'ont,
pardieu ! pas encore avalé tout l'esprit du monde...

Le bourgmestre le regarda furieux.

En arrivant dans la salle de tirage, Aloys avait
une contenance tout à fait décidée. Plusieurs nu-
méros lui passèrent par les doigts quand il mit sa
main dans l'urne ; mais il ferma les yeux, comme
pour ne pas voir celui qu'il allait prendre ; puis enfin il en exhiba un en tremblant, tant il avait peur

que ce fût un bon. Quand il entendit proclamer le n° 17, il sauta de joie et se mit à chanter si fort, qu'on fut obligé de lui imposer silence.

Tous les jeunes gens s'achetèrent des bouquets de fleurs et des rubans rouges, puis allèrent boire encore un coup avant de regagner leurs villages. Notre Aloys n'avait plus son pareil, ni pour héler, ni pour chanter.

Les mères et les fiancées des conscrits attendaient au-dessus de la côte, et Marannelé était aussi de ce nombre. Bien plus ivre de bruit que de vin, Aloys zigzaguait déjà avec les autres, en les tenant bras dessus, bras dessous. Pareille familiarité ne lui était pas encore advenue ; mais, ce jour-là, ils étaient tous égaux.

Quand la mère Marie vit le n° 17 à la casquette de son Aloys, elle se mit à pleurer, en répétant coup sur coup : — Mon Dieu ! mon Dieu ! ayez pitié de moi !

Marannelé tira Aloys à part et lui demanda :

— Qu'as-tu donc fait de mon kreutzer?

— Ton kreutzer, je l'ai perdu, répondit Aloys, et pourtant, malgré sa demi-démence, ce mensonge le remua jusqu'au fond de l'âme.

Pendant que les jeunes gens s'en allaient en chantant, les mères et les fiancées des *présumés partants* les suivaient de loin, en essuyant leurs larmes avec leur tablier.

Il y avait encore six semaines jusqu'à la révision, et c'était là surtout le moment décisif. La mère Marie prit donc un gros pain de beurre avec une corbeille pleine d'œufs, et alla trouver la femme du médecin. Malgré le froid de l'hiver, le beurre se tartinait à ravir. Aussi la mère Marie rapporta-t-elle l'assurance que son Aloys serait exempté. Oui, disait le consciencieux médecin, Aloys est tout à fait incapable de servir, attendu qu'il a la vue courte, et c'est même précisément à cause de cela qu'il est quelquefois si gauche.

Mais Aloys s'inquiétait peu de toutes ces histoires. Depuis quelque temps on ne le reconnaissait plus. Il se dandinait et sifflait maintenant de l'air le plus résolu, toutes les fois qu'il allait par le village. Le jour de la révision arriva. Cette fois-ci, les conscrits se rendirent un peu plus paisiblement à la ville.

Quand Aloys fut appelé dans la salle de révision et qu'il dut se déshabiller, il s'écria : — Visitez-moi tant que vous voudrez, vous ne trouverez rien à reprendre ; je n'ai pas un seul défaut, et peux très bien servir. On le fit passer sous la toise, puis, quand on vit qu'il avait grandement la taille, on l'enregistra comme soldat. En l'entendant parler sur ce ton, le médecin oublia la vue courte, les œufs, le beurre et tout ce qui s'ensuit.

Dès qu'il se vit devenu sérieusement et irrévocablement soldat, maître Aloys fut pris tout à coup d'une telle frayeur, qu'il était tout prêt à pleurer. Cependant quand, au retour du chef-lieu, il vit sa mère se lever en pleurant de l'escalier de pierre où elle était assise, sa fierté reprit le dessus, et il dit : — Eh bien ! non, mère, ce n'est pas bien : il n'y a pas là de quoi pleurer. Dans un an je serai de retour, et votre Xavier peut déjà très bien, d'ici-là, faire votre ouvrage par les champs.

Une fois bien sûrs de leur destin, tous les conscrits se hâtèrent de regagner, en boissons, chants et roulades, tout le temps qu'ils s'imaginaient avoir perdu depuis quelques jours.

Quand Aloys alla la voir, Marannelé lui donna un bouquet de romarin, avec des rubans rouges qu'elle attacha elle-même à sa casquette en pleurant; ce qui n'empêcha pas Aloys de tirer impassiblement sa pipe et de s'en aller par le village, fumant et chopinant avec ses camarades, jusque bien avant dans la nuit.

Bientôt il n'y eut plus que trois jours à languir avant d'en arriver au moment où les recrues devaient partir pour Stuttgard. Aloys alla chez Jacques de très bonne heure. Marannelé était à l'écurie, obligée désormais de faire elle-même sa besogne. Aloys lui dit : — Donne-moi ta main. Elle la lui donna. Sur quoi il continua :

— Promets-moi que tu ne te marieras pas avant mon retour.

— Oh! certainement non, répondit-elle.

— Bien! reprit-il, je suis prêt. Ou plutôt non, arrête... Viens, donne-moi aussi un baiser...

Marannelé l'embrassa, pendant que les bœufs et les vaches, tout ébahis, les regardaient faire, comme s'ils eussent compris de quoi il s'agissait entre eux.

Aloys prit congé de chaque vache et de chaque

bœuf, l'un après l'autre, en les frappant familièrement sur l'épaule. Les pauvres bêtes mugissaient pour toute réponse.

Jörgli avait attelé ses chevaux pour reconduire à quelques lieues les recrues ; de façon que ceux-ci, sur cette voiture, s'en allaient en chantant par le village. Conrad, le fils du boulanger, qui jouait de la clarinette, siégeait à côté du conducteur, et faisait l'accompagnement de toutes leurs chansons.

La voiture n'allait qu'au pas. De tous côtés ce n'étaient que poignées de mains amies à recevoir, ou derniers coups de l'étrier à boire.

Marannelé regardait tout cela de sa fenêtre et saluait encore amicalement. Comme on approchait des dernières maisons du village, on se mit à chanter pour la dernière fois :

— En route ! en route ! en route !
Par la porte de Nordstetten.... etc.

Mais aussitôt qu'on eut dépassé le village, voilà qu'Aloys ne dit plus mot. Il promenait ses regards humides sur tout ce qui l'entourait. C'est ici, sur cette lande de l'*Hochbux,* que Marannelé avait blanchi la toile dont était faite sa chemise. A cette pensée, il lui semblait que tous les fils de cette chemise étaient en feu sur sa peau, tant cela lui donnait la fièvre. Il disait tristement adieu à tous les champs et à tous les arbres qui bordaient la route. Là-bas, derrière la cible, se trouvait la meilleure de ses terres, si souvent remuée par lui, qu'il en connaissait personnellement tous les cailloux. L'été dernier encore, il en avait moissonné l'orge avec Marannelé. Plus loin était son champ de trèfle, que lui-même avait semé, et qu'il ne verrait cependant pas lever. Ainsi regarda-t-il longtemps encore autour de lui, puis, quand on descendit la côte, il porta ses yeux en avant et devint de plus en plus taciturne. En passant sur le pont, il regarda un instant l'eau couler... Qui sait si, dans ce moment, il y eût encore jeté aussi résolument son kreutzer de bonheur ?...

En traversant la ville d'Horb, on reprit, il est vrai, les chansons et les roulades ; mais ce ne fut guère qu'au-delà, quand on fut arrivé au-dessus de la côte de Bildechingen, qu'Aloys respira un peu plus à l'aise. Son cher Nordstetten était là devant lui, mais à une hauteur tellement pareille, qu'on eût pu croire d'abord à la possibilité de faire entendre ses cris jusque-là, bien qu'en réalité on en fût déjà éloigné de presque une lieue. Il reconnaissait fort bien la maison jaune et sâle du maréchal Georges, avec ses volets verts, et Marannelé logeait seulement à deux maisons plus loin. Aloys secoua en l'air sa casquette, et chanta de nouveau :

— En route ! en route ! en route !

Jörgli conduisit ses recrues jusqu'à Herrenberg, d'où elles devaient continuer leur route à pied. En quittant Aloys, il lui demanda :

— Tu n'a rien à faire dire à Marannelé !

Aloys sentit tout son sang lui monter au visage. Jörgli était bien pour lui le plus détestable messager qui pût exister. Néanmoins, il eut presque la bouche ouverte pour le charger de ses salutations; mais, involontairement, il lui jeta ces mots au visage :

— Tu n'as rien à faire auprès d'elle, et je sais qu'elle mourrait pluôt que de se déranger pour toi.

Jörgli partit en riant beaucoup de cette réponse.

Nos conscrits eurent encore une aventure en route. Dans le bois de Boblingen, ils forcèrent un bûcheron à leur servir de guide pendant deux lieues à travers la forêt. Aloys se montra dans cette circonstance le plus exigeant de la bande. Il avait si souvent entendu raconter à Jörgli les tours audacieux des soldats, qu'il voulait également s'en passer la fantaisie. Il est vrai qu'il fut aussi le premier à tirer sa bourse de cuir quand on arriva à la lisière de la forêt, et le premier à récompenser le bûcheron avant de le renvoyer.

A Stuttgard, les conscrits arrivants furent reçus à la porte de Tubingen par un sergent-major. Plusieurs soldats originaires de Nordstetten étaient venus là au-devant de leurs compatriotes. Qu'on juge de la position d'Aloys, quand toutes ces voix se mirent à lui crier ensemble : — Tiens ! te voilà ! bonjour, Tolpatsch !

Pourtant toutes ces clameurs prirent fin, et les recrues se laissèrent conduire à la caserne aussi paisiblement qu'un troupeau de moutons.

Aloys disait à ses compatriotes qu'il voulait entrer comme volontaire dans la cavalerie, son unique préoccupation étant de se modeler sur Jörgli. Mais quand il apprit qu'il fallait retourner à la maison, attendu que les exercices de la cavalerie ne commençaient qu'en automne, il modifia ses prétentions et se dit : — Non, c'est impossible, je ne retournerai pas à Nordstetten avant d'être devenu un tout autre homme, et alors, du moins, si quelqu'un vient encore m'appeler Tolpatsch, c'est moi qui le *tolpatscherai*.

Aloys fut donc incorporé dans le cinquième d'infanterie, où, contre toute attente, il se montra rangé et des plus dociles. Pourtant, il eut encore ici une mésaventure. On lui donna pour camarade de lit une espèce de vagabond qui avait pour l'eau une aversion insurmontable. Aloys dut donc, sur l'ordre du chef d'escouade, le conduire tous les matins à la fontaine, et là le bouchonner à tour de bras.

Au commencement, Aloys ne faisait qu'en rire ; mais peu à peu cela lui devint une corvée insupportable. Il eût certes mieux aimé laver la queue à six bœufs, que la figure seulement à ce malotru. Dans la compagnie de notre Aloys se trouvait aussi un peintre fourvoyé qui, lui sentant quelque argent au gousset, se mit à le peindre en grand uniforme, avec fourniment complet, le drapeau même y compris. Il est vrai que ces accessoires étaient seuls quelque peu reconnaissables. Quant à la figure, c'était une figure quelconque et rien de plus, ce qui ne l'empêcha pas d'écrire au bas, en grandes lettres

2

latines : — *Aloys Schorer, soldat au cinquième d'infanterie.*

Aloys fit encadrer l'objet et l'envoya à sa mère par le messager. Dans sa lettre d'envoi, il écrivait :

— Mère, mettez ce portrait dans la chambre; montrez-le aussi à Marannelé, pendez-le près de la table, mais cependant pas trop près de la cage de la tourterelle, et si Marannelé veut l'avoir, donnez-le lui. Mon camarade qui l'a fait dit que vous feriez bien de m'envoyer un pain de beurre et deux aunes de votre toile écrue pour la femme du sergent-major : nous l'appelons tout simplement la *sergent-majore*. Mon camarade m'a aussi appris à danser. Je vais dimanche danser à Hesslach pour la première fois. Ne fais pas la moue, Marannelé, c'est seulement pour m'essayer. Il faut que Marannelé m'écrive aussi. Jacques a-t-il encore ses bœufs? et la Brunette, n'a-t-elle pas encore fait son veau? Ce n'est tout de même pas une chose bien en règle que leur vie de soldat; on se fatigue comme des chiens, et cependant, au bout du compte, il se trouve qu'on n'a rien fait du tout.

Le beurre arriva, et cette fois il porta bonheur à Aloys : on lui donna un autre camarade de lit. Mais, avec le beurre, il y avait aussi une lettre écrite par le maître d'école, et dans laquelle on disait :

— Notre Mathias a envoyé d'Amérique cinquante florins ; il a aussi écrit que, si tu n'étais pas soldat, tu devais maintenant aller vers lui, qu'il voulait te donner trente journaux de champs. Comporte-toi bien et ne te laisse pas débaucher. L'homme se débauche si facilement! Marannelé me boude depuis quelque temps, je ne sais pas pourquoi. Quand elle a vu ton portrait, elle a dit que ce n'était pas toi du tout.

A ces derniers mots, Aloys sourit en pensant:

— Fameux! me voilà décidément un tout autre homme. Ne te l'avais-je pas dit, hein, Marannelé?

Quelques mois après, Aloys, se rappelant que c'était la fête à Nordstetten le plus prochain dimanche, obtint par son sergent-major une permission de quatre jours, pour aller chez lui avec sabre et schako.

Était-il heureux, le samedi matin, en emballant sa petite trousse militaire dans son schako, et en disant adieu à son sergent-major!...

C'est au point qu'il ne put s'empêcher d'en parler encore au factionnaire de la caserne, aussi bien qu'avec celui de la porte de Tubingen. Il se croyait obligé de dire à tout le monde qu'il s'en allait chez lui, persuadé que tout le monde devait s'en réjouir, et il prenait en pitié ses camarades, obligés de battre la semelle deux heures durant, toujours à la même place, tandis que lui, dans le même laps de temps, il allait arriver tout près de son village.

Déjà, avant d'arriver à Boblingen, il fit une halte et but une chopine au Valdburg. Mais, comme il lui était impossible de rester tranquille sur une chaise, il se remit presque aussitôt en route.

A Nufringen, il rencontra ce même juif Jokkel qui

l'avait autrefois tant insulté. Ils se serrèrent affectueusement la main. Aloys apprit par lui bien des choses de son village, mais pas un mot sur Marannelé, car il appréhendait d'en demander.

Enfin, à Bohndorf, il parvint à s'arrêter. Aussi bien se serait-il fort vite épuisé à courir plus longtemps de cette façon. Il s'assit sur un banc, toujours plein de cette idée, que chacun devait prendre le plus grand intérêt à son retour; puis il repassa devant le miroir, inclina un tant soit peu son schako sur l'oreille gauche, frisa un tant soit peu ses cheveux sur l'oreille droite, et se sourit enfin dans la glace, d'un air de parfaite satisfaction.

A la tombée de la nuit, il se trouva sur les hauteurs de Bildechingen, avec son cher village pour vis-à-vis. Là, il ne chanta plus, comme autrefois : il se contenta, silencieux et debout, de faire au lieu de sa naissance le salut militaire, c'est-à-dire de porter gravement la main à son schako.

Aloys se remit en route d'un pas toujours plus lent, ne voulant arriver chez lui qu'à la nuit noire, afin de surprendre tout le monde le lendemain matin.

Sa maison était une des premières du village ; il y avait de la lumière dans la chambre. Le voilà donc qui se met à frapper à la fenêtre, en disant :

— Aloys n'est-il pas là ?

— Maria ! Joseph ! Un gendarme ! s'écria la mère.

— Non, mère ! c'est moi, dit Aloys en ôtant son

schako pour entrer, car la porte était trop basse, et en serrant affectueusement les mains à sa mère.

Les premières salutations terminées, la pauvre femme se trouva bientôt tout en peine de n'avoir plus rien de prêt à lui servir. Elle alla pourtant lui casser deux œufs à la cuisine, pendant qu'Aloys, debout près d'elle au foyer, lui racontait toute son histoire. Il s'informa de Marannelé, et demanda pourquoi son portrait était encore là.

— Je t'en prie, je t'en prie, lui répondit sa mère, ne pense plus à Marannelé, car c'est tout-à-fait inutile.

— Mère, ne me parlez jamais comme cela ; je sais ce que je sais, répliquait Aloys, et son visage, rougi par le feu du foyer, prit une expression des plus hautaines.

La mère se tut ; puis, étant retournée à la chambre, elle se prit à admirer, la joie au cœur, quel beau garçon faisait maintenant son Aloys. Tous les morceaux qu'il avalait lui semblaient descendre par son propre gosier ; puis elle soulevait le schako et se lamentait sur son horrible pesanteur.

Le lendemain, Aloys se leva de très bonne heure. Aussi son schako fut-il fourbi, et le baudrier de son sabre nettoyé, ainsi que ses boutons, bien mieux que s'il y eût eu grande revue ce jour-là pour lui. Au premier coup de la messe, il se trouva prêt ; au second, il sortit.

Chemin faisant, il entendit deux bambins qui discutaient entre eux :

— N'est-ce pas là Tolpatsch ? disait l'un.

— Non, ce ne l'est pas, disait l'autre.

— Et si, ce l'est, reprenait le premier.

Aloys les regarda tout furieux; mais ils s'enfuyaient déjà avec leur livre de chant sous le bras.

Aloys marchait au milieu des amicales salutations de tous ceux qui allaient aussi à la messe. En passant devant chez Marannelé, il n'y aperçut personne. Il monta la montagne en y regardant toujours, et il arriva enfin à l'église, précisément comme on sonnait le troisième coup. Il ôta ses gants de peau blanche, prit de l'eau bénite et se signa ; puis il regarda dans l'église de tous côtés, sans apercevoir Marannelé où que ce fût. Il s'arrêta à la porte pour voir si elle était parmi les arrivants ; mais elle n'y était pas davantage.

Les chants commencèrent sans que la voix de Marannelé y prît part. Aloys eût reconnu cette voix-là entre mille. Que lui importait que chacun le trouvât changé à son avantage, puisque Marannelé ne le voyait pas ? N'était-ce donc pas pour elle seule qu'il était si rapidement accouru la veille ?

Quand, après le sermon, le curé se mit à publier les bans de Marianne Bomüller, de cette commune, avec Georges Melzer, de Wiesenstetten, Aloys ne resta plus immobile comme une statue. Ses genoux, hélas ! commencèrent à trembler sous lui, et ses dents à claquer. Il sortit de l'église le premier de tous, courut chez lui à toutes jambes, jeta au travers de la chambre son sabre et son schako, alla se cacher dans le foin, et là, enfin, se mit à pleurer toutes ses larmes. Un moment il lui vint une horrible pensée, il résolut de se pendre, mais il n'avait même plus la force de se relever; tous ses membres étaient comme brisés; puis il pensait à sa mère, et recommençait alors de plus belle ses pleurs et ses lamentations.

Enfin sa mère arriva et le trouva dans le foin. Elle essaya d'abord de le gronder; mais elle se mit bientôt à pleurer avec lui. Aloys apprit seulement alors que Jörgli avait *débauché* Marannelé, et qu'il y avait déjà longtemps qu'ils s'étaient ainsi donnés l'un à l'autre. Aloys sanglota de nouveau, mais en se laissant maintenant conduire à la chambre par sa mère, aussi docilement qu'un agneau. Quand il revit son portrait, il l'arracha du mur et le brisa contre terre. Ensuite il resta longtemps appuyé sur la table, le visage couvert de ses deux mains. A la fin il se releva tout à coup, se mit à siffler un air joyeux, et demanda à manger; mais il ne put toucher à rien. Ce que voyant, il alla se promener par le village.

Les vêpres étaient dites, et la musique qu'on faisait à l'*Aigle* retentissait déjà jusqu'à lui. En passant devant la maison de Jacques, il baissa les yeux comme s'il eût eu à rougir de quelque chose; mais, sitôt qu'il l'eût dépassée, il les releva avec fierté. Sa *permission* une fois remise au bourgmestre, il se rendit à la salle de danse. Là, il regarda encore de tous côtés pour savoir si Marannelé s'y trouvait, et pourtant rien ne lui eût fait alors autant de mal que de l'y apercevoir.

Quant à Jörgli, il était là, lui, bien entendu; il vint à Aloys et lui tendit la main en s'écriant :

— Eh ! bonjour, camarade !

Aloys le regarda comme s'il eût voulu l'empoisonner avec son regard, puis se retira sans lui rendre ni poignée de main, ni réponse. Il se disait bien alors qu'il eût été plus sage de lui répliquer de suite :
— Camarade !.... C'est le diable qui est ton camarade, et non pas moi ; mais il était trop tard à présent pour revenir là-dessus.

Garçons et filles, tout le monde se leva de table pour inviter notre Aloys, qui dut boire à tous les verres, les uns après les autres; mais tout ce qu'il buvait lui semblait maintenant aussi amer que de la bile. Finalement, il se mit lui-même à table et se fit servir une bouteille *du meilleur*. Bien qu'il trouvât en ce moment toute boisson détestable, il n'en vida pas moins la bouteille coup sur coup. Mathilde, la fille de son cousin Mathias, de la montagne, était aussi là. Il s'approcha d'elle. La jeune fille lui fit cordial accueil et ne le quitta plus, car personne ne s'occupait d'elle ; elle était sans amoureux, et n'avait pas encore pu danser une seule fois de la journée, parce que les couples dansaient presque toujours ensemble, ou bien n'échangeaient qu'entre eux leurs danseuses.

— Mathilde, lui demanda Aloys, ne veut-tu pas aussi danser ?

— Oui, viens, nous ferons un tour. Ce disant, elle prit par la main Aloys qui se leva, mit ses gants, regarda encore une fois autour de lui, comme s'il eût cherché quelque chose, et dansa enfin avec tant de grâce que chacun en fut émerveillé. Après la danse, Aloys offrit par politesse à Mathilde une place à côté de lui ; mais sa politesse lui devint bien vite à charge, car Mathilde ne le quitta plus de toute la soirée. Du reste, il s'inquiéta fort peu de son voisinage, se contentant de lui offrir à boire de temps en temps.

Les regards menaçants d'Aloys restèrent presque continuellement fixés sur Jörgli, qui était venu s'asseoir non loin de lui. Toutes les fois qu'on lui demandait où donc était Marannelé, celui-ci répondait en riant qu'elle était *indisposée*. Pendant ce temps-là, Aloys serrait si fort entre ses dents le tuyau de sa pipe, que le bout lui en resta bientôt dans la bouche, si bien qu'il le rejeta en faisant *pfoui!* à ce qu'il paraît.

Jörgli se retourna furieux, supposant que ce pfoui était à son adresse ; mais, quand il vit qu'Aloys restait tranquille, il se contenta de hausser les épaules, et se mit à chanter toutes sortes de cauteleuses chansons, dans le goût de celle-ci, par exemple :

— Un joyeux luron comme moi
Use des souliers par centaine ;
Tandis qu'un bêtard comme toi,
Use sa paire avec grand' peine.

Minuit approchant, Aloys reprenait déjà son sabre qui était accroché au mur, et allait se retirer, quand Jörgli entonna, avec ses camarades, cette chanson bouffonne qu'on chante avec accompagnement de coups de poings sur la table :

— Non, je ne veux pas m'en aller!
Pour consentir à s'en aller,
Il faut avoir le gousset vide.
Non, je ne veux m'en aller!

Aloys se rassit encore une fois avec quelques-uns de ses camarades, et se fit apporter deux nouvelles bouteilles. Bientôt ceux-ci se mirent à chanter de leur côté, tandis que Jörgli continuait à hurler du sien. Jörgli alors se leva en criant :

— Tolpatsch! Tairais-tu ta gueule ?

Pour toute réponse, celui-ci saisit une bouteille pleine, l'aplatit sur la figure de Jörgli ; puis, s'élançant par-dessus la table, il alla le saisir à la gorge, au bruit des tables qui tombaient, et des verres qui roulaient de tous côtés. La musique s'arrêta et chacun se tut. On eût dit que les deux combattants allaient s'égorger en silence, quand surgit tout à coup une nouvelle tempête de hourras, de sifflets, de clameurs et de vociférations. Les amis s'en mêlèrent, chacun de leur côté, saisissant seulement, d'après une vieille tactique des paysans, l'adversaire de leur camarade, pour mettre celui-ci à même de frapper plus librement. Quant à Mathilde, elle mordit si rudement Jörgli à la tête, qu'elle lui arracha une touffe de cheveux. Tous les pieds de chaises furent brisés, et les partis, divisés autour des deux champions, échangèrent bientôt entre eux les plus terribles volées. Pour Jörgli et Aloys, ils se tenaient à peu près à belle dent. Enfin, après une longue lutte corps à corps, Aloys se releva de toute sa hauteur, lança

Jörgli contre terre avec tant de force, qu'on lui crut la nuque complètement fracassée, et s'agenouillait déjà sur sa poitrine, prêt à l'étrangler. Mais alors arriva le bourgmestre, qui mit fin à tout ce vacarme. La musique en resta là pour aujourd'hui, et les deux combattants furent conduits en prison.

Le lendemain, Aloys quitta le village, la figure couverte de meurtrissures bleues, pâle et désespéré. Sa permission n'était pas à bout ; mais qu'avait-il à faire là dorénavant ? C'est avec empressement qu'il retournait maintenant à sa vie de caserne ; c'est avec empressement surtout qu'il eût marché à l'ennemi. Le bourgmestre ayant consigné l'algarade sur sa feuille de route, Aloys n'avait plus en perspective qu'une punition sévère. Certes, il n'était plus absorbé à présent par la contemplation de lui-même. Il marchait, il marchait sans y prendre garde, et sans le moindre désir de revenir jamais. Apercevant à Horb le poteau de la route de Freudenstadt, par où l'on va à Strasbourg, il s'arrêta un moment, tout entier à la pensée de déserter en France, quand tout à coup il s'entendit saluer par Mathilde, qui lui demanda :

— Tiens, Aloys ! est-ce que tu retournes déjà à Stuttgard ?

— Oui ! répondit-il, et il continua en effet sa route de ce côté. Mathilde se rencontra là pour lui comme un poteau céleste. Il lui dit adieu et disparut.

Tout le long de sa route il sentit bourdonner dans sa tête ce chant qu'il avait entendu chanter jadis pour la première fois à Jörgli, et qu'il pouvait répéter aussi maintenant, lui, car à présent il s'appliquait parfaitement à Marannelé. Sans le vouloir, il répétait donc continuellement en lui-même :

>Ah ! comme avec rapidité
>S'en vont l'éclat et la beauté,
>Tu te tiens fière de ta joue
> Parce que le lait s'y joue
>Avec le pourpre; sais-tu pas,
>Que chaque rose à son trépas ?

En arrivant à Stuttgard, il ne dit plus mot ni au factionnaire de la porte de Tubingen, ni à celui de la caserne, où il rentra comme un vrai criminel. Durant les huit jours de cachot que lui valut son escapade, il lui prit souvent des accès d'impatience et de rage si violents, qu'il voulait se briser la tête contre les murailles. Pourtant il se retint, et passa ces huit jours dans une somnolence à peu près continuelle.

Au sortir du cachot, il entra pour six semaines dans la compagnie de punition, laquelle ne sort jamais de la caserne et doit toujours être prête à répondre à l'appel. Là, il maudit tout à son aise l'idée qu'il avait eue de devenir soldat, ce qui allait le retenir, pendant six années encore, éloigné de son village. A cette pensée, il se sentait prêt à s'enfuir, à s'enfuir jusqu'au bout du monde !

Un jour, la mère Marie lui apporta une lettre de Mathias, d'Amérique, qui avait envoyé quatre cents florins avec lesquels Aloys devait, soit acheter un champ, soit s'affranchir du service militaire. Si bien qu'en automne Aloys, Mathias, de la montagne, sa femme et ses huit enfants, au nombre desquels était

Mathilde, partirent eux-mêmes de compagnie pour l'Amérique.

Une fois en mer, Aloys fredonnait à tout moment la strophe suivante de cette chanson si connue, qu'il comprenait maintenant à merveille :

> Voilà, voilà, voilà
> Notre vaisseau qui s'en va,
> Voici, voici, voici
> Notre pilote en souci ;
> Déjà les vents sur notre tête font
> Comme si le navire allait couler à fond,
> Et malgré moi je sens dans mon cœur mes pensées
> Toutes bouleversées !

Dans sa première lettre, datée de l'Ohio, Aloys écrivait à sa mère :

— ... Cela me fend souvent le cœur de ce que je dois ainsi jouir seul tous ces biens. Je voudrais avoir tout Nordstetten ici : le vieux Zahn, l'aveugle Conrad, Soguès, Schacker, de la carrière, et Maurice, de l'Hüngerbrünnen, qui, au moins, mangeraient ici chez moi jusqu'à n'en pouvoir plus. Vous verriez aussi comme quoi Tolpatsch a maintenant ses quatre chevaux à l'écurie et ses dix juments à la pâture. Si cela ne tourne pas bien à Marannelé, écrivez-le moi aussi. Je veux lui envoyer quelque chose ; mais il ne faut pas qu'elle sache de qui cela vient. Je pense toujours à elle dans le fond de mon cœur. Mathias, de la montagne, demeure à une lieu de moi ; Mathilde fait une solide bergère, mais ce n'est tout de même pas Marannelé. Pourvu que tout lui aille au moins bien ! A-t-elle déjà des enfants ? Nous avions aussi auprès de nous, pendant la traversée, un savant *pays*, le docteur Staber, d'Ulm, qui m'a montré, sur une boule du monde, que, quand c'est le jour en Amérique, c'est la nuit à Nordstetten, et réciproquement. Je n'y ai pas réfléchi davantage ; mais maintenant, quand je suis aux champs et que je me dis : — Qu'est-ce qu'ils font maintenant à Nordstetten ? il m'échappe toujours un : — Pardieu ! ils dorment à l'heure qu'il est, et Jean Schacker, le veilleur de nuit, crie par les rues son — *Que Dieu et la Vierge vous gardent !* Le dimanche, c'est encore bien pis pour moi que ce soit la nuit du samedi à Nordstetten. Cela ne devrait pas être ainsi ; il devrait n'y avoir qu'un jour pour tout le monde. Dimanche dernier, nous avons pourtant dansé chez Mathias, de la montagne. C'était la fête à Nordstetten. Je n'oublierai jamais cela, quand même je vivrais jusqu'à cent ans. Je voudrais tout de même bien me trouver encore une heure à Nordstetten, pour faire un peu voir au bourgmestre ce que c'est qu'un libre citoyen d'Amérique.

LA WIESE (¹).

(Traduit de Hebel.)

Le Feldberg, de grands bois couvre son noble faîte;
Plus d'un vous contera d'une voix stupéfaite,
Qu'un fantôme faucheur, à minuit, quand tout dort,
Y bat sa faux d'argent sur une enclume d'or...
(Il n'est du moins personne à Todtnau qui s'avise
D'en douter!) C'est de là que s'échappe la Wiese;
C'est aussi là qu'un charme ineffable et vainqueur,
Fait revenir toujours mes regards et mon cœur...
 O fille du Feldberg! ô Wiese bien-aimée!
Puissé-je jusqu'aux cieux porter ta renommée,
Et voir dorénavant couler à l'unisson
Ton eau limpide avec ma limpide chanson.
Née aux flancs d'une roche et de brouillards nourrie,
Jamais l'œil d'un mortel n'aura l'effronterie
D'aller fouiller au fond de ce pierreux séjour,
Les replis du mystère auquel tu dois le jour.
La troupe des esprits seule en ce lieu pénètre
Par des sentiers secrets qu'on ne peut reconnaître,
C'est elle qui t'apprend à courir, à penser,
Et tu fais ton profit de tout sans te lasser;
Et dès que tu le peux, sans être soutenue,
Tu viens nu-pieds, chercher à voir, pauvre ingénue,
Tout ce dont tes instincts te parlaient vaguement,
Les arbres, le soleil et le clair firmament.
 Comme tu leur souris... comme tes regards brillent...
Écoute, comme aussi les mésanges babillent...
Tu ne t'attendais point à ces merveilles-là?
— Non, mais j'espère encor trouver mieux que cela,
Dis-tu, car plus j'avance et plus ma joie augmente
D'avoir osé tenter cette course charmante...—
Comme elle saute...— Cours après moi si tu veux...—
Dit-elle, en secouant à l'air ses beaux cheveux...

---

(1) Rivière qui se jette dans le Rhin, au-dessous de Bâle, près du Petit-Huningue. Etymol. *die Wiese*, la prairie; prononcez: *Vise*.

— Tu vas tomber, prends garde.. Ah! vilaine étourdie,
Tout ceci finira par une tragédie...
Pouf! que disais-je donc? t'y voilà, c'est bien fait;
Pourvu qu'elle n'en ait pas le pied contrefait.

Sans plus se soucier de cette maladresse,
Elle repart, d'abord à quatre... puis se dresse
Derrière les buissons, et rit en défiant
Tous ceux qui la suivaient d'un regard confiant.
Puis voilà qu'elle vient là-bas de reparaître,
Pour s'éclipser soudain derrière quelque hêtre,
En criant : — Cherche-moi maintenant où je suis... —
Mais tous ces détours font qu'en vain je la poursuis.

Plus elle avance, et plus elle devient superbe;
Sur ses rives l'on voit partout pointiller l'herbe;
Bientôt, bergeronnette et canards de Todtnau,
Tout le monde s'en vient barbotter dans son eau;
Tout le monde veut voir notre Wiese au passage;
Tandis que, déjà faite aux compliments d'usage,
Celle-ci les reçoit tous d'un air enchanteur,
Sans couler toutefois avec plus de lenteur.

Où s'en va-t-elle ainsi? peut-être à quelque danse,
Ou bien vers les garçons.. Mon Dieu.. quelle imprudence!
Pourtant vers Uzefeld elle hésite... et ne part
De Büchen (ah! ceci c'est très-beau de sa part..)
Qu'après la messe dite... alors d'une bordée
Elle arrive à Schœnau, d'où sa route est bordée
De grands prés, de côteaux et de sentiers étroits,
Le long desquels surgit plus d'une vieille croix.
Plus elle avance et plus elle devient superbe,
Sur ses rives l'on voit partout foisonner l'herbe,
Les fraises et les fleurs qu'au bord des grands chemins
Vous pourriez en passant cueillir à pleines mains,
Tandis que, sur la droite, on voit là-bas des aulnes
Déjà tout verdoyants et des navettes jaunes.

O Wiese! ranimés par tes fraîches vapeurs,
Le pâtre au loin répond aux chansons des coupeurs,
Les grands moutons de Zell bondissent plus à l'aise,
Si bien qu'il n'est personne à qui cela ne plaise,

Et que chacun voudrait, ô ma Wiese! pouvoir,
Avec plus de splendeur encor, te recevoir...

Oui, mais près de Bruckwoog, où la rocaille abonde,
Quand grimpent les enfants par troupe vagabonde,
Et qu'ils ont vu de là quel vacarme tu fais,
Ils disent, en ouvrant de grands yeux stupéfaits :
— Est-ce que par hasard la démence la gagne,
Cette Wiese, et pourquoi battre ainsi la campagne ? —
Oui, c'est bien vrai, je trouve aussi cela, comme eux;
Pourquoi tant secouer là tes flots écumeux?
Qu'as-tu? que veux-tu? rien.. toujours même silence..
Puis voilà qu'à travers les prés elle s'élance
Du côté de Hausen, pays luthérien,
Où sa foi va bientôt devenir moins que rien..
Tenez, tenez, voyez si j'étais bon prophète ;
C'est triste, mais enfin, comme la chose est faite,
Malgré le regret qui dans ma poitrine bout,
Je vais patiemment la suivre jusqu'au bout.

Ah! puisque de Luther le régime te tente,
Laisse-moi t'habiller en fille protestante ;
Tiens, mets d'abord ces bas à coins, puis ces souliers,
Puis ce corsage vert, d'où tombent par milliers
Ces plis de ruban noir sur lesquels va s'étendre
Ce plastron de velours bordé de rouge tendre,
Pendant que je ferai de tes beaux cheveux blonds,
Deux nattes dont le bout pendra sur tes talons.

Ce bonnet bleu de ciel sera-t-il à ta guise,
Dis? avec ces fleurs d'or, que t'en semble, ô ma Wiese!
C'est du damas très cher, tu vois; mais tâche donc
De passer par-dessous tes nattes le cordon,
Et par-dessus l'oreille, afin que je t'en fasse
Une large rosette au sommet de la face...
Puis vient, pour compléter ce costume opulent,
Ce tablier, avec ce mouchoir de Milan,
Qui fera ressortir ta beauté ravissante,
Comme un nuage autour de l'aurore naissante,
Et qui trahira même, à l'œil des amoureux,
Chaque pulsation de ton sein vigoureux.

Tu devrais bien aussi retrousser cette manche,
Pour montrer ton bras blanc sous ta chemise blanche,
Et porter à la main ton chapeau, car vraiment,
Ton visage me semble, à moi, bien plus charmant,
Lorsque le grand soleil peut en toute occurence,
En faire flamboyer la pure transparence.
A présent te voilà superbe, et pour le coup,
Je puis te protester que tu me plais beaucoup...
Voyez, comme elle prend des allures de reine...
On dirait qu'elle vient d'être aujourd'hui marraine ;
Aussi nous lorgne-t-elle, en marchant, de côté,
Pour savoir quel effet produira sa beauté...

   Maintenant devinez où va notre mutine...
— Peut-être, sur la place, ou bien à la cantine,
Ou bien sous les tilleuls, là-bas, vers ces garçons,
Qui pourtant n'ont pas tous de très-bonnes façons :
Ou, vers la forge... — Eh ! non, rien par là ne l'attire ;
Leur forge mise en train, vite elle se retire ;
En faisant galopper de mieux en mieux son eau,
Par les prés de Hausen, du côté de Fahrnau,
De crainte qu'à Schopfheim, quelqu'un se scandalise,
En la voyant passer encor devant l'église.

   Mais à Gundenhausen, là-bas sur le chemin
De Wiesleth, à qui donc vas-tu donner la main ?
Ce doit être ta sœur car elle te ressemble ;
Allons, soigne-la bien et venez voir ensemble
Ce château de Rœtteln où tout tombe en lambeaux,
Rœtteln, où par essaims si joyeux et si beaux,
Foisonnaient autrefois, en brillants équipages,
Les dames, les seigneurs, les limiers et les pages ;
Rœtteln, de tant de luxe autrefois coutumier,
Hélas ! et qui n'est plus qu'un grand nid à ramier.

   Nous voici vers Maulburg ; là-bas, dans la feuillée,
C'est Fohris ; puis là-haut, l'église émerveillée
De Hellstein ; maintenant, prenons par ces vallons.
A te suivre, sais-tu qu'au train dont nous allons,
Mes jambes s'avoueraient tout à fait impuissantes,
S'il ne se rencontrait parfois quelques descentes.

Laisse Steinen et prends, te dis-je, par les prés,
Car les chemins y sont de fleurs tout diaprés.
Bien, voilà maintenant qu'enfin tu te résignes
A ralentir le pas, pour admirer les vignes
D'Hagen et de Rœtteln qu'on aperçoit d'ici...
Tiens.. vois-tu ce monsieur.. n'a-t-il pas l'air ainsi
De t'appeler?.. Eh quoi?.. vas-tu ne plus connaître
Celui qui te sourit là-bas de sa fenêtre;
Avec son grand bonnet sur la nuque tiré?..
Allons, réponds-lui donc, c'est monsieur le curé...

Ici c'est Thumrigen; là-bas, dans la prairie,
C'est Lœrrach, étalant avec coquetterie,
Dans un cadre de fleurs, ses grands toits à pignons,
Pendant que sur la route, en joyeux compagnons,
Les beaux messieurs de Bâle errent à l'aventure,
Les uns sur des chevaux, les autres en voiture...

Voici le cabaret de Stetten, mais je crois
Que tu trembles, ma Wiese? est-ce donc cette croix
Qui te fait peur? allons, que cette peur finisse,
Car dans quelques instants, nous allons être en Suisse.

De Schopfheim à Stetten, Dieu! comme tu bondis,
Dans ce lit de cailloux déjà tout arrondis;
Comme admirablement aussi, tu t'y dessines,
Bien que chaque bord soit renforcé de fascines;
Comme à chaque détour, l'on voit, ma chère enfant,
Ton beau front devenir toujours plus triomphant....
Comme en t'apercevant les herbes reverdissent,
Et comme ces boutons que leurs sucs alourdissent,
Rivalisent entr'eux de légitime orgueil,
Pour te faire au passage un plus brillant accueil..

En voilà-t-il des fleurs de toutes les familles...?
Des liserons, de l'orge avec des alchimilles,
Du trèfle, du cumin, des soleils et des joncs,
Etalant tous, au bout de leurs moindres bourgeons,
Ces diamants si purs qu'y suspend la rosée,
Tandis qu'une cigogne étourdiment posée
Sur ses échasses, court dedans à la façon
D'un faucheur qui d'abord inspecte sa moisson.

De montagne en montagne, oh! combien de prairies
Te déroulen ainsi leurs vertes draperies,
Avec un bataillon de champêtres clochers,
Perdus, le plus souvent, au faîte des rochers..
Les chevaux de Lœrrach, aussitôt qu'on les lâche,
Viennent aussi vers toi s'ébattre sans relâche...
De Zell jusqu'à Richen, grands arbres et buissons
Fourmillent de linots et de petits pinsons
Qui sifflent, touchent l'orgue et tiennent synagogue,
Jusqu'à la nuit qui clot enfin leur dialogue.

Le tilleul de Bromback est donc mort.. ah! tant pis..
Mais dans ces plaines, vois quels superbes épis,
Et comme, dès le pied, ces côtes sont couvertes,
En guise de manteau, de belles vignes vertes;
Tandis que le haut porte, en guise de cheveux,
Des chênes aux longs bras écaillés et nerveux.

Oui, j'admire vraiment comme sur ton passage,
Sitôt que tu parais, tout change de visage;
Combien de chariots circulent à la fois,
Sur les rives, au bruit sifflant des coups de fouets;
Comme à verser le foin chaque faux continue,
Et comme enfin tu fais à tous la bien-venue.

Qu'il surgisse une usine, une ribe en chemin;
Vite au maître, tu cours donner un coup de main.
Ailleurs, par un effet d'obligeance excessive,
Tu viens aider aux gens qui lavent la lessive;
Ou bien des forgerons, tu vas, dans leur enfer,
Comme s'il était d'œuvre, unir le fil de fer.
C'est encor toi qui fais arriver sur l'enclume,
Ces masses que ta main brandit comme une plume,
Et lèves leur marteau, sans te mettre en souci,
Quand ils ont oublié de te dire merci.

Trouve-tu quelque part une blanchisserie,
Tu te roules, avec un air de moquerie,
Sur la toile, en disant : — Bah! si je ne m'y mets,
Le soleil, à lui seul, n'en finira jamais. —

Cependant, il faut bien aussi que je t'apprenne
Ce qu'on dit d'autre part... — tout aimable et sereine

Que paraisse ta mine, on dit qu'en maint endroit,
Tu te fais des sentiers auxquels tu n'as pas droit,
A travers les regains que tu remplis de sable...
Qu'un pauvre diable ait eu du chanvre un peu passable,
Tu te plais, on ne sait pas trop dans quel dessein,
A l'emporter, dit-on, dans le champ du voisin.
Tu fais aussi, dit-on, mainte étrange trouvaille,
Sous les bancs où jamais le balai ne travaille ;
Puis, d'autres fois enfin, tu t'en vas sans façons,
Emportant sous ton bras les gens et les maisons.

Si tu prends ce ton là, j'ai bien peur, ô ma Wiese,
Que de te fiancer nul garçon ne s'avise...
Eh bien, quoi ? tu souris, qu'est-ce ? allons, lève donc
Vers moi tes yeux et laisse en repos ce cordon...
Va, ne crains pas de l'être avec moi compromise,
Car, je te sais très-bien depuis longtemps promise,
Je sais qu'au rendez-vous tu vas dans ce moment,
Je sais même le nom de ton robuste amant.

Du haut du Saint-Gothard, par Rheineck et Constance,
Il arrive au galop, sans nulle intermittence,
Et traverse le lac, en nageur bien appris,
Qui se dit : — il me faut cette Wiese à tout prix.. —
Mais vers Stein, il reprend son allure ordinaire,
Et sort, les pieds lavés, de ce lac débonnaire ;
Diessenhofen l'ennuie ainsi que son couvent ;
Depuis Schaffhouse aussi poursuit-il en avant,
En criant à travers les rochers qu'il balaye :
— Oui, je la veux, la Wiese, il faudra que je l'aie.. —
Puis, ces rochers venant à manquer tout à coup,
Il fait un brusque saut dont l'affreux contre-coup
L'étourdit un moment, pourtant il continue
Sa route vers Rheinau, sans plus de retenue.

Eglisau, Kaiserstuhl, Zurzach, il franchit tout,
Waldshut même et Krensach et s'enfuit de partout,
Impatient qu'il est de te trouver à Bâle,
Le front resplendissant de beauté virginale.
C'est là que le contrat doit s'écrire ; pourtant,
Weil, si tu m'en croyais, conviendrait bien autant.

Mais il se peut aussi, pour traiter cette affaire,
Que ce soit le Petit-Huningue qu'il préfère.
Prenons donc par les prés de Richen.... oh! dis-moi,
N'est-ce pas lui qui vient là-bas tout en émoi..
Oui, je le reconnais à ces énormes cuisses,
A ces boutons d'acier comme en portent les Suisses,
Puis à ces trois mentons... mais, vois-le donc, là-bas !
Comme ses gros mollets remplissent bien ses bas,
Et d'un bon gros bâlois comme il a bien la mine..
Tiens, voilà qu'à présent ton beau front s'enlumine,
Et que ton grand mouchoir commence à s'agiter
Sur ton cœur qui bondit... c'est à n'en plus douter,
Tu l'aimes et bientôt toutes les espérances
Des esprits du Feldberg, malgré les apparences,
Ma Wiese, à ton profit, vont se réaliser. —
Adieu, je ne veux pas plus longtemps abuser
De ton temps, que réclame un colloque plus tendre ;
Aussi bien ce monsieur se lasse-t-il d'attendre ;
Va jouir du bonheur que chacun te prédit,
Mais rappelle-toi bien tout ce que je t'ai dit.

DEUXIÈME RÉCIT.

LA PIPE DE GUERRE.

Ceci est une histoire tout à fait personnelle, mais qui se trouve pourtant très étroitement liée à la récente histoire du monde ; ou, ce qui revient à peu près au même, à l'histoire de Napoléon. Quel temps c'était que celui-là ! Chaque paysan pouvait, de la loge royale de sa propre maison, voir défiler et se mouvoir devant lui toute cette gigantesque histoire ; rois et empereurs y jouaient ensemble : tantôt se montrant, tantôt disparaissant ; et, le plus souvent, tout ce magnifique spectacle ne coûtait pas autre chose à ce fortuné paysan, que sa maison, sa ferme, et même aussi pourtant quelquefois sa vie. Ce n'est pas tout à fait ainsi qu'il en arriva à mon voisin Jeangeorges ; néanmoins, je veux tout de même vous raconter son histoire dès le commencement.

C'était en 1796. Nous autres, dans cette époque de calme plat où nous vivons ; nous, les enfants de cette paix maussade et contristante, quelle idée pourrions-nous nous faire des tempêtes d'alors; comment nous figurer toutes ces populations en transes continuelles dans leurs demeures; comment nous figurer tout ce genre humain incessamment sur pied, dans le seul but de chasser d'ici ou de là, celui-ci ou celui-là. A travers la Forêt-Noire on voyait alors passer tantôt les Autrichiens avec leurs vestes blanches, tantôt les Français avec leurs figures avenantes; puis les russes à grande barbe ; le tout, entremêlé de Bavarois, de Wurtembergeois, de Hessois de toutes les tournures. La Forêt-Noire fut de tout temps une porte ouverte pour les Français; aussi en a-t-on maintenant poussé le verrou (¹).

C'était donc à tout moment des marches et des retraites, des charges et des fusillades, le tonnerre enfin ; mais tellement continu, qu'on ne savait vraiment plus où donner de la tête, aussi arrivait-il souvent à la susdite de ne pas rester en place et d'être emportée tout à coup sans qu'elle s'y attendît. Non loin de Baisingen, s'élève au milieu de la plaine un monticule exclusivement formé de cadavres de soldats français et allemands, paisiblement étendus là les uns auprès des autres.

Quant à mon voisin Jeangeorges, il avait été exempté du service, bien qu'il fût un fort garçon, susceptible de bien figurer partout, et âgé de dix-

(¹) Les fortifications de Rastadt.

neuf ans. Voici d'où cela provenait. La veille de la noce de Maurice Wendel qui a pris femme à Empfingen, Jeangeorges chevauchait avec les autres derrière la voiture sur laquelle était montée la fiancée, avec les meubles, le coffre bleu, la quenouille et le berceau assorti tout à neuf. Jeangeorges tirait continuellement, comme un vrai diable, en mettant toujours double charge dans son pistolet. Quand le convoi arriva vers la marnière, entre l'étang, à droite, et la tuilerie, à gauche, d'où guettait Catherine, Jeangeorges tira de nouveau; mais à peine eût-on entendu la détonation qu'on entendit aussi Jeangeorges crier miséricorde. Le pistolet tomba de sa main, et lui-même fût tombé également de cheval, si son camarade Viteli ne l'eût retenu. On vit alors ce qui était arrivé. Jeangeorges s'était coupé en deux l'index de la main droite. On le descendit de cheval, chacun s'empressa désolé autour de lui. Catherine elle-même accourut de la tuilerie, plus morte que vive, quand elle vit que le doigt de Jeangeorges ne tenait plus que par la peau. Jeangeorges, lui, grinçait des dents, tant sa douleur était affreuse, et regardait fixement Catherine. On le porta chez le tuilier, puis on courut chercher le vieux Jockel de Scheubüss, fort habile dans l'art d'arrêter le sang. Un autre alla en ville chercher M. Erath, un chirurgien très en vogue. Quand le vieux Jockel entra, chacun se tut et se retira de devant lui, formant ainsi une double haie, à travers laquelle Jockel se rendit vers le blessé, qui était étendu sur

3

un banc près de la table. Catherine seule sortit des rangs en criant : — Pour l'amour de Dieu! Jockel, sauvez Jeangeorges ! — Celui-ci ouvrit les yeux, tourna la tête vers celle qui parlait, et quand Jockel vint lui toucher la main en marmotant quelque chose, il put entendre enfin le sang couler à terre. Cela n'arriva pas précisément cette fois-ci en vertu de sa sympathie pour Jockel, mais bien ensuite d'une tout autre sympathie, c'est-à-dire, de celle qui existait entre Jeangeorges et Catherine. Car aussitôt que le malade avait entendu celle-ci parler, il s'était agité comme si le sang lui eût oppressé le cœur, et voilà pourquoi ce sang s'était remis à couler du doigt.

M. Erath arriva, et coupa le doigt. Au reste, Jeangeorges endura en vrai héros cette opération douloureuse. Comme il était déjà depuis quelque temps en fièvre, il lui sembla tout à coup qu'un ange était penché sur lui et le rafraîchissait de son haleine. Il ne se doutait pas que ce fût Catherine qui lui chassait ses mouches, et qui quelquefois se trouvait aussi fort rapprochée de son visage. Un tel rapprochement, si ce n'est même attouchement d'une main chérie, peut certainement produire sur nous un magique effet, et cet effet avait très bien pu prendre sur notre Jeangeorges la forme d'un rêve. Jeangeorges vit même en rêve une bien autre figure, dont il put à peine se souvenir au réveil, si étonnants et fugitifs sont les rêves ; cette figure avait un doigt coupé à la bouche, et avec ce doigt fumait du tabac, comme si c'eût été une véritable pipe, de sorte qu'il s'en dégageait des nuages bleus en épais tourbillons.

Catherine s'inquiétait beaucoup en voyant les lèvres serrées de Jeangeorges se rouvrir et se refermer à tout moment pendant son sommeil. Au réveil, devinez ce qu'il réclama d'abord?... sa pipe. Jeangeorges avait la plus belle pipe de tout le village; or, comme cette pipe est pièce importante dans notre histoire, il est indispensable de la dépeindre avant de passer outre. C'était une tête en bois mâdré d'Ulm, dont les brunes veines marbrées formaient les plus étonnantes figures que l'on pût imaginer. Le couvercle qui était en argent, avait la forme d'un casque. Il était si blanc qu'on pouvait s'y mirer, avec cet avantage en sus, qu'on s'y voyait double, de la tête aux pieds. Par le bas, elle était garnie d'argent, et en forme de botte. Une double chaîne en argent, avec un anneau courant, y tenait par un cordon, et rattachait le court tuyau au bec, long, souple et cambré. Cette pipe n'était-elle pas en effet bien belle, et Jeangeorges n'avait-il pas raison de l'aimer, comme les héros d'autrefois aimaient leurs boucliers ?

La première pensée de regret qu'eut Jeangeorges à propos de la perte de son doigt, c'est qu'il lui serait désormais très-difficile de charger sa pipe. Cette idée fit beaucoup rire Catherine, qui l'en gronda toutefois quelque peu. Néanmoins elle consentit à la lui charger cette fois-ci ; elle alla chercher un charbon et se hasarda à aspirer elle-même deux bouffées, mais en se trémoussant aussitôt et en faisant une grimace qui annonçait pour la chose le plus complet dégoût. Quant à Jeangeorges, il ne se souvenait pas, lui, d'avoir fumé une pipe aussi savoureuse que celle que Catherine avait eue à la bouche.

Quoiqu'on fût au plus chaud de l'été, Jeangeorges avec sa blessure ne put être emporté chez lui, et dut rester chez le tuilier. Bien que ses parents vinssent le soigner là, il savait pourtant que le moment ne se ferait guère attendre, où il pourrait être seul avec Catherine. Le lendemain, c'était la noce de Maurice Wendel. Quand on sonna à l'église, Jeanjeorges se mit à siffler, de son lit, l'inévitable marche nuptiale qu'on jouait alors précisément dans la rue. Après l'office la musique circula par le village en s'arrêtant devant chez toutes les belles filles, ou devant chez toutes celles qui avaient des poursuivants. Les garçons et les jeunes filles se joignaient alors à la troupe, qui devenait ainsi incessamment plus nombreuse. On s'arrêta aussi devant la maison du tuilier. Viteli entra comme ami de Jeangeorges, avec sa *compagne*, pour inviter Catherine au bal, en place du blessé; mais celle-ci remercia, en prétextant son ouvrage et resta au logis.

Jeangeorges fut enchanté d'une pareille conduite, aussi lui dit-il quand ils furent seuls :

— Catherine, n'aie pas de regret, va; il y aura bientôt une autre noce, et à celle-là nous danserons joliment les deux!

— Une noce? demanda Catherine, un peu troublée, et de qui donc, s'il vous plaît ?

— Viens seulement ici, reprit Jeangeorges en souriant. Catherine s'approcha. — Ecoute, dit-il alors, il faut bien que je te l'avoue. Je me suis coupé le doigt exprès,... pour ne pas être soldat... comprends-tu, maintenant ?

Catherine se retira précipitamment et poussa les hauts cris en cachant sa figure dans son tablier.

— Eh bien? pourquoi tant crier? demanda Jeangeorges. Est-ce qu'il y a du mal à cela. Il faudra pourtant bien que tu le trouves au mieux; car enfin c'est toi qui en es cause !

— Moi ! ! Jésus ! Maria ! Joseph ! non, bien sûr non ! ce n'est pas moi qui en suis cause ! Mon Dieu ! mon Dieu ! quel péché tu as commis là, Jeangeorges ! Pense donc que tu aurais aussi bien pu de tuer tout à fait. Oh ! tu es un homme cruel; non ! je ne veux pas m'emménager avec toi, car maintenant tu me fais peur !

Catherine voulait s'enfuir, mais Jeangeorges la retint de la main gauche; Catherine, impatiente de cette contrainte, lui tournait le dos, en mâchillant le coin de son tablier. Jeangeorges eût alors donné tout au monde pour qu'elle le regardât au moins encore une fois, mais toutes ses suplications demeurèrent inutiles. Il la lâcha donc et attendit un moment, pour savoir si elle ne reviendrait pas. Quand il vit qu'elle continuait à bouder et à lui tourner le dos, il dit d'une voix émue :

— Veux-tu bien avoir la bonté d'aller chercher mon père ; je veux retourner chez nous...

— Non, c'est impossible ! tu n'y gagnerais qu'une horrible défaillance, c'est M. Erath qui l'a dit, répondit Catherine, sans se retourner.

— Eh bien ! si tu ne veux aller chercher personne, je m'en irai tout seul, reprit Jeangeorges.

Catherine se retourna et le regarda avec des yeux en larmes, dans lesquels toutes les supplications et toute l'énergie de la plus affectueuse inquiétude s'apercevaient clairement. Jeangeorges prit la main de son amie ; cette main était brûlante ; puis il contempla longtemps le visage de la jeune fille. Ce n'était pas précisément ce que l'on appelle une beauté. Elle était forte et solide ; le visage et la tête à peu près ronds, le front très bombé, presque en demi cercle, les yeux enfoncés dans leur orbite, un petit nez écrasé, un parler quelque peu railleur et drôlatique, deux bonnes joues bien rondelettes ; en somme une fraîche et avenante créature. Jeangeorges regardait, lui, les filles les plus riches en couleurs, comme les plus belles de toutes.

Ils se tinrent longtemps ainsi sans mot dire. Enfin Catherine lui demanda :

— Veux-tu que je te charge ta pipe ?

— Oui ! dit Jeangeorges, et il la laissa libre.

L'offre de Catherine était entre eux la meilleure formule de réconciliation possible, ils le sentirent bien tous deux, car ils ne se dirent plus mot de leur querelle.

Le soir, il vint beaucoup de jeunes garçons et de jeunes filles, aux joues très colorées et aux regards étincelants, inviter encore une fois Catherine pour le bal ; mais celle-ci refusa de nouveau. Pendant ce temps-là Jeangeorges riait sous cape, se réservant le plaisir de prier lui-même Catherine l'instant d'après et de lui faire accepter cette invitation. Au premier mot de lui Catherine se décida en effet, s'enfuit toute joyeuse et pétillante, et reparut presque aussitôt en toilette de bal.

Mais, il se présentait un nouvel embarras. Malgré l'excellent cœur de tous ces gens, pas un ne pouvait se décider à quitter la salle de danse, pour demeurer auprès de Jeangeorges. Le vieux Jockel arriva fort heureusement sur les entrefaites. Pour une bonne chopine de vin qu'on alla lui chercher à l'auberge, il s'offrit à passer là toute la nuit, s'il en était besoin.

Jeangeorges avait fait mettre son doigt par M. Erath dans un bocal plein d'alcool, dans la pensée d'en faire cadeau à Catherine ; mais, malgré toute son assurance ordinaire, la jeune fille en eut peur, comme d'un revenant, et n'osa pas même toucher le bocal.

Aussitôt donc que Jeangeorges put quitter la chambre, ils allèrent ensemble au jardin enterrer le doigt. Jeangeorges regardait tout pensif, pendant que Catherine refermait le trou. Pour le crime qu'il avait commis envers la patrie, en se mutilant ainsi soi-même, il n'y pensait même pas. Il ne s'arrêta qu'à cette idée qu'un membre que Dieu lui avait donné plein de vie, était là enterré, et qu'un jour il lui faudrait en rendre compte. Il assistait pour ainsi dire tout vivant à son propre enterrement ; aussi la ferme résolution surgit-elle en lui, d'employer désormais tout ce qu'il lui resterait de forces à satisfaire toujours scrupuleusement à son devoir et à sa conscience. Du milieu des pensées de mort qui s'emparaient alors de lui, il releva enfin les yeux avec un indicible mélange de douleur et de satisfaction, en se retrouvant aussi bien en vie, et près de celle qu'il aimait. Toutes ces considérations commençant à s'éclaircir peu à peu dans son âme, il dit à Catherine : — Oui, je vois bien que je me suis rendu très coupable ; je veux aller me confesser : il faut que je m'ôte ce poids là de dessus le cœur ; je suis prêt à faire quelle que pénitence que l'on m'inflige.

Catherine lui sauta au cou et l'embrassa, de sorte qu'il reçut ainsi d'avance la plus précieuse absolution ; absolution que doit d'ailleurs éprouver déjà en elle-même, toute âme vraiment repentante et animée de la ferme résolution de ne plus faillir.

Le dimanche suivant Jeangeorges alla donc à confesse ; on n'a jamais su quelle pénitence lui avait été infligée.

Il est présumable qu'un homme éprouve toujours quelque attrait secret pour le lieu où repose ainsi une partie de son être. De même que la patrie devient pour nous doublement sainte, quand nous pensons que les os de ceux que nous avons aimés y reposent ; de même que la terre entière nous devient aussi plus chère, quand nous nous disons que les cendres de tous nos amis et de tous nos semblables sont mêlées à sa poussière, de même un homme dont le corps, pourtant indivisible, est déjà partiellement devenu *terre*, doit se sentir attiré par cette puissance infinie de la sainteté du sol, et se retourner souvent vers le lieu où il est déjà enterré en partie.

Quand bien même l'idée vague de toutes ces choses eût pu être entrevue par notre Jeangeorges, on doit pourtant bien comprendre qu'il n'était pas homme à longtemps s'y arrêter. Tous les jours il allait chez le tuilier, attiré, non par la mort, mais au contraire par la vie, c'est-à-dire par son amour pour Catherine. Néanmoins, il en revenait aussi assez souvent tout triste, parce qu'il lui semblait que Catherine prenait à tâche de le tourmenter et voulait le dominer. La principale chose qu'elle réclamait de lui, à tout moment, c'était qu'il abandonnât sa pipe. Toutes les fois qu'il sentait le tabac, Catherine refusait de l'embrasser, et avant d'aller chez elle, il devait toujours cacher préalablement sa chère pipe. Dans la chambre du tuilier, défendu de fumer! aussi malgré tout le plaisir qu'il éprouvait à être là, n'y faisait-il que de fort courtes séances. Catherine avait parfaitement raison de le traiter ainsi. Cependant, Jeangeorges s'irritait au dernier point des exigences de Catherine, en se cramponnant toujours de plus en plus à sa terrible passion. Il trouvait qu'il était indigne d'un homme de se laisser prescrire quoique ce fût par une femme. Les femmes sont faites pour obéir, pensait-il; le fait est qu'il lui eût été tout à fait impossible de se défaire de son habitude.

Une fois il l'avait essayé, deux jours durant, pendant les foins ; mais il lui semblait toujours alors qu'il était à jeun. Où qu'il fût, il lui manquait quelque chose ; aussi retourna-t-il enfin à sa pipe, dont il serra avec ivresse le tuyau entre ses dents quand il le retrouva, tout en battant briquet : — Au diable Catherine et avec elle toutes les autres femmes, avant que je renonce à ma pipe ! — Tout en parlant ainsi, Jeangeorges se donna sur les doigts un grand coup de briquet : — Bon ! pensa-t-il, en secouant violemment sa main meurtrie, voilà pour me punir de ce que je dis là ; car, aussi bien, ce n'est pas vrai du tout !

Enfin arriva l'automne, Jeangeorges fut reconnu pour tout à fait impropre au service. Quelques autres jeunes gens avaient voulu imiter sa ruse, en se brisant par exemple les dents incisives, sans lesquelles il est impossible de déchirer la cartouche ; mais la commission militaire ne vit là qu'une volontaire mutilation, tandis que celle de Jeangeorges, grâce à ce qu'elle avait eu de plus dangereux, fut regardée comme un malheur fortuit. Tous les autres furent incorporés dans les compagnies du train, où l'on n'a pas besoin de dents pour faire feu sur l'ennemi. Avec leur mâchoire mutilée, ils durent mordre tout de même à *l'ordinaire*, souvent si maigre, de l'escouade ; en attendant qu'ils allassent mordre la poussière, chose pour laquelle il n'est pas de rigueur d'avoir la moindre dent.

Dans les premiers jours d'octobre, le général Moreau opéra sa fameuse retraite par la Forêt-Noire.

Un détachement de son corps d'armée passa par Nordstetten. On en parla bien des jours d'avance. C'était dans tout le village une peur et une anxiété telles, qu'on ne savait plus ni que faire, ni que conseiller. Dans toutes les caves on fit de grands creux où l'on enfouit tout ce que l'on possédait d'argent ou de joyaux. Les jeunes filles ôtèrent leurs colliers à médaillons d'argent en forme de cœurs, de même que leurs bagues, pour les enfouir aussi. Tout le monde allait désormais sans la moindre parure, comme cela se pratiquerait pour un tout grand deuil. Quant au bétail, on le conduisit dans une inabordable caverne de la vallée de l'*Egelsthal*. En entendant parler de l'approche de l'ennemi, les jeunes filles et les garçons se regardaient avec inquiétude; et quelques-uns de ceux-ci portaient même la main au couteau dont on voyait le manche sortir de leur gousset.

Les plus embarrassés de tous étaient encore les Juifs. Qu'on prenne tout à un paysan, il lui restera encore ses champs et sa charrue qui se moquent des voleurs; tandis que les Juifs avaient toute leur fortune en biens mobiliers, soit argent soit marchandises; aussi tremblaient-ils deux fois et même trois fois plus que les autres. Leur marguillier, un homme adroit et rusé, eut recours à un expédient des plus habiles. Il fit mettre devant sa maison un grand tonneau de vin rouge, fortement mélangé d'alcool, et des bouteilles sur une table, pour régaler ces hôtes *peu* invités. La ruse lui réussit, grâce à ce que les Français avaient hâte de passer outre.

Le jour de la passade arriva donc, et tourna mieux qu'on ne l'avait espéré d'abord. Tout le monde, ce jour là, stationnait en groupes par le village et regardait la défilade, sans dire le mot. Cela commença par de la cavalerie, puis vint une masse considérable d'infanterie. Jeangeorges, avec ses camarades Viteli et Xavier, était allé à la tuilerie, tenant à se trouver là, dans tous les cas, de peur qu'il n'arrivât quelque chose de fâcheux à Catherine. Il se tint donc devant la maison avec ses camarades, appuyé à la palissade du jardin et fumant tranquillement sa pipe. Catherine mit la tête à la fenêtre et dit : — Jeangeorges, si tu voulais bien ne pas fumer, je t'inviterais à monter avec tes camarades......

— Nous sommes très-bien ici, reprit Jeangeorges en aspirant coup sur coup trois énormes bouffées et en serrant fortement sa pipe.

La cavalerie arriva; c'était une confusion générale; tous ces hommes semblaient à peine faire partie du même corps, chacun d'eux ne pensait plus qu'à soi; cependant on voyait tout de même bien qu'ils allaient ensemble. Quelques-uns se mirent à sourire narquoisement à Catherine, qui était à sa fenêtre, en l'appelant de la main et en lui jetant des baisers, pendant que Jeangeorges furieux tourmentait dans sa poche le manche de son couteau. Catherine ferma aussitôt sa fenêtre et se contenta de guetter à travers les vitres. Après l'infanterie arrivèrent les bagages, puis les chariots de blessés. C'était un spectacle lamentable. L'un des blessés exhiba tout à coup une main qui n'avait plus que quatre doigts : Jeangeorges frissonna de la tête aux pieds. Il lui semblait se voir étendu là lui-même, à la place de ce malheureux. Le blessé n'avait pour coiffure qu'un pauvre mouchoir lié autour de la tête. Jeangeorges escalada aussitôt la pallisade, prit la cape fourrée qu'il avait mise, et l'ajusta à ce pauvre diable, en lui donnant même son argent et la bourse de cuir dans laquelle il était renfermé.

Le blessé fit plusieurs signes avec la bouche, pour lui faire comprendre combien il lui eût été agréable de fumer un peu; il regardait Jeangeorges d'un air piteux et suppliant, en lui désignant toujours la pipe; mais Jeangeorges secoua négativement la tête.

Catherine apporta du pain et des chemises qu'elle mit dans la voiture des blessés. Tous ces pauvres malades trouvaient plaisir à regarder cette fraîche jeune fille et la saluaient même militairement en baragouinant entre eux; puis ils s'éloignaient en lui faisant toujours signe de la main. Personne ne se demandait plus alors si c'étaient là des amis ou des ennemis. On ne voyait plus en eux que des hommes malheureux et en détresse, auxquels chacun devait venir en aide.

Un fort détachement de cavalerie formait l'arrière-garde. Catherine revenait à sa fenêtre et Jeangeorges à son poste avec ses camarades, quand Viteli se mit à crier tout à coup : — Tiens! tiens! des maraudeurs!

Deux guenilleux garnements en demi-uniforme, sans selle ni étrier, s'approchaient en effet. Un peu avant d'arriver près de Jeangeorges, ils s'arrêtèrent à causer, puis l'un d'eux partit d'un éclat de rire. Bientôt ils se remirent en marche, mais au pas, l'un d'eux rasant presque la palissade : arrivé près de Jeangeorges, il étend la main, et craque ! lui arrache sa pipe de la bouche, pique des deux et s'enfuit au galop.

Une fois maître de cette pipe, le maraudeur se mit à la fumer, d'un air de moquerie et de bravade.

Quant à Jeangeorges, il porta la main à sa bouche ; il lui semblait que toutes ses dents venaient de lui être arrachées à la fois de la mâchoire. Pendant ce temps-là Catherine se tordait de rire, en criant :
— Eh bien, maintenant... va la chercher, ta pipe !

— Certainement que j'irai ! répondit Jeangeorges, et il brisa en même temps de rage une latte de la palissade. — Venez, Viteli et Xavier ! nous prendrons nos chevaux pour les poursuivre, et, dussions-nous y rester, ce chenapan-là ne gardera pas ma pipe !

Les deux camarades allèrent donc en toute hâte chercher leurs chevaux à l'écurie, pendant que Catherine descendait épouvantée, en appelant à grands cris dans le corridor Jeangeorges, qui vint à elle en maugréant, irrité qu'il était de ses railleries de tout à l'heure. Mais Catherine lui saisit convulsivement la main, et lui dit : — Pour l'amour de Dieu !

Jeangeorges, laisse là ta pipe... Tiens, je te promets ensuite tout ce que tu me demanderas; mais accorde-moi au moins cela! veux-tu donc te faire tuer pour si peu de chose? je t'en prie! je t'en prie! reste là...

— Non! ça m'est parbleu bien égal qu'il m'arrive quelque balle par la tête; qu'ai-je à rester ici plus longtemps; tu ne fais que t'y moquer de moi!

— Non! non! cela n'est pas vrai! s'écria Catherine en lui sautant au cou... je ne veux pas te laisser aller; il faut que tu restes là.

Jeangeorges commençait à s'émouvoir; cependant il demanda avec dureté : — Veux-tu devenir ma femme?

— Oui! oui! je le veux, oui!

La plus ineffable étreinte suivit ces paroles; après quoi Jeangeorges s'écria : — De ma vie je ne retouche une pipe! si je mens, que le diable...

— Non, je t'en prie, ne jure pas! Il faut que tu tiennes sans cela ta promesse; cela vaudra beaucoup mieux! Eh bien! tu restes ici maintenant, n'est-ce pas? Laisse ta pipe aux Français et au diable.

Cependant les camarades armés de fourches arrivaient à cheval, en criant : — Allons, allons, Jeangeorges, en avant!

— Non, je ne vais plus, répondit Jeangeorges en pressant Catherine dans ses bras....

— Que nous donnes-tu alors, si nous te rapportons ta pipe? demanda Viteli.

— Elle est à vous.

Aussitôt, comme emportés par une tempête, ils s'élancèrent du côté d'Empfingen, pendant que Jeangeorges et Catherine les regardaient aller.

Les maraudeurs étaient déjà presque à la montée où se trouve la marnière de la tuilerie. Quand ils se virent poursuivis, ils firent volte face, tirèrent leurs sabres, et l'un s'apprêtait déjà à faire feu avec son pistolet; ce que voyant, Viteli et Xavier firent également tout aussitôt volte face, et se trouvèrent revenus tous deux, presqu'avant qu'on eût eu le temps de les voir partir.

A dater de ce jour Jeangeorges cessa de fumer. Un mois après on publiait ses bans avec Catherine.

Un jour Jeangeorges venait à la tuilerie. Il était arrivé presque derrière la maison sans que personne l'aperçut. Il entendit Catherine causer avec quelqu'un à l'intérieur. — Ainsi donc tu la connais bien, demandait Catherine.

— Si je la connais! répondit l'interlocuteur. A la voix, Jeangeorges reconnut Mayer, un brocanteur juif à cheveux rouges. — Je l'ai vu assez souvent avec elle pour cela; il l'aimait alors, autant qu'il l'aime à présent, et si la chose eût été possible, je crois qu'il se serait volontiers marié avec elle.

— C'est bien, dit Catherine; il me tarde seulement de voir les yeux qu'il va ouvrir quand il la retrouvera le jour de sa noce... Ainsi donc je puis complètement m'y fier?

— Que ne suis-je aussi sûr de gagner cent mille florins!

— Oui, mais il n'en faut pas souffler mot à Jeangeorges....

— Muet comme un poisson ! répondit le Juif en se retirant. —

Jeangeorges entra tout timidement chez Catherine, n'osant pas lui avouer qu'il venait de tout entendre. Pourtant, quand ils se trouvèrent familièrement assis côte à côte, il ne put s'empêcher de lui dire : — Ecoute, il faut bien que je te le dise ; ne crois pas un mot de ce que l'on te rapporte ; parce que cela est faux. On a autrefois jasé sur mon compte, je le sais, on disait que je connaissais la servante de l'auberge de l'*Aigle*, qui est maintenant domestique à Rottweil ; je te le dis, crois-moi ; tout cela est faux ; car alors, j'allais encore au catéchisme, ce n'était qu'un enfantillage.

Catherine feignit d'attacher à cette circonstance une importance énorme, et Jeangeorges eut beaucoup à faire pour se justifier. Le soir il se donna encore toute sorte de peine pour saisir au passage ce que dirait le Juif ; mais celui-ci restait, ainsi qu'il l'avait promis, muet comme un poisson.

Jeangeorges eut encore, sans compter bien d'autres punitions, à subir pour ainsi dire les verges, tout le long du village. Le dimanche avant la noce, lui et son camarade Viteli devaient, d'après l'antique usage, aller de maison en maison, tout le long du village, avec un ruban rouge au bras et un nœud de même couleur à leur tricorne ; le fiancé répétant partout : — Vous êtes invités à la noce, de bon cœur, pour mardi, à l'*Aigle;* nous ferons tout ce que nous pourrons pour mériter un tel honneur ; ainsi donc, venez, et ne l'oubliez pas !

Là dessus, dans toutes les maisons, la femme lui ouvrait le tiroir de la table, prenait la miche et le couteau et les lui offrait en disant : — coupez à cette miche. Le fiancé devait alors couper un morceau de pain et l'emporter dans sa poche. Jeangeorges coupa le pain un peu maladroitement avec ses quatre doigts, et cela l'ennuyait de s'entendre ironiquement répéter dans tant de maisons :

— Mais, Jeangeorges, il ne devrait pas t'être permis de te marier, puisqu'avec ton doigt rogné tu ne peux pas seulement couper ton pain comme il faut.

Quand la tournée fut finie, Jeangeorges respira enfin à l'aise.

La noce fut des plus joyeuses et des plus bruyantes : seulement on s'abstint de pistolets, car depuis le malheur, ou plutôt l'aventure volontaire de Jeangeorges, on en avait strictement interdit l'usage.

Le dîner nuptial se passa le mieux du monde. Au sortir de table, Catherine alla à la cuisine, et rentra bientôt après avec la fameuse pipe à la bouche.

Il est vrai qu'il eût été assez difficile de reconnaître si c'était l'ancienne, ou bien une autre exactement semblable. Catherine tira encore alors une bouffée de la pipe, en faisant toujours sa grosse grimace, et l'offrit ensuite à Jeangeorges en disant :

— Tiens, prends-la, tu t'es bravement conduit; tu sais tenir ce que tu promets. Pour ce qui me concerne, tu peux fumer librement ; je n'y trouverai plus mot à dire.

Jeangeorges, qui était devenu rouge comme braise secoua négativement la tête :

— Non ! ce que j'ai dit est dit ; de ma vie je ne retouche une pipe. Puis il se leva en continuant :

— Tiens, Catherine ; quand même tu viens de fumer, je te permets tout de même de m'embrasser.

Ils tombèrent dans les bras l'un de l'autre, et s'étreignirent de la plus ineffable étreinte. Alors enfin Jeangeorges avoua qu'il avait surpris la conversation de Catherine avec le Juif rouge, et qu'il avait cru dans ce moment qu'il s'agissait de la servante de l'auberge de l'*Aigle.*

On rit beaucoup de la méprise.

La pipe fut suspendue, en éternel souvenir, au ciel du lit des jeunes époux, et Jeangeorges la montre encore souvent, quand il veut prouver que l'on peut se déshabituer de tout, avec une ferme résolution et l'assistance de l'amour.

Deux mots vont nous reporter bien loin de tout ceci. Jeangeorges et Catherine sont aujourd'hui grand'père et grand'mère, heureux au milieu de leur famille, toujours frais et vigoureux malgré les années. La pipe reste là comme un précieux souvenir de famille, pour les cinq fils de Jeangeorges. Aucun d'eux, ni de leurs enfants, ne s'est jusqu'à ce jour habitué à fumer.

LE CERISIER.

(Traduit de Hébel.)

Le bon Dieu dit un jour au printemps : — Mets la table
Pour le ver et le sers de façon confortable.. —
Et voilà qu'aussitôt d'un beau feuillage vert,
Le cerisier se trouve entièrement couvert.

Le ver de son côté se réveille et s'étonne
D'avoir pu sommeiller ainsi depuis l'automne,
Puis il baille... en frottant, le pauvret, tant qu'il peut,
Ses yeux que le sommeil fatigue encore un peu.

Ensuite il fait entrer ses dents silencieuses
Dans ces feuilles qui sont vraiment délicieuses,
Tout en se demandant si ce grand cerisier,
Parviendra, lui tout seul, à le rassasier.

Le bon Dieu dit encor au printemps : — Mets la table
Pour l'abeille et sers-la de façon confortable,... —
Et voilà qu'aussitôt ce cerisier si vert,
De blanches fleurs se trouve entièrement couvert.

L'abeille avec amour dès le matin s'y pose,
En se disant après une légère pause :
— Tiens, si je déjeunais avec ce café-ci ?
Il paraît qu'on ne sert qu'en porcelaine ici...

Quelle riche vaisselle ! — et sa langue altérée
Va puiser jusqu'au fond la liqueur éthérée
Qu'elle avale en pensant : — Que c'est doux ! certe, il faut
Que le sucre à ces gens ne fasse pas défaut. —

Le bon Dieu dit plus tard à l'été : — Mets la table
Du moineau, puis le sers de façon confortable.. —
Et voilà qu'aussitôt ce cerisier si vert,
De cerises se trouve entièrement couvert.

Le moineau dissimule un instant sa surprise,
Puis dit, en attaquant du bec chaque cerise :
— Ceci ne peut pas nuire à mon tempérament,
Et j'en chanterai même encor plus joliment. —

Plus tard le bon Dieu dit à l'automne : — Replie
La nappe, car ils ont tous la panse remplie.. —
Et voilà qu'aussitôt la bise du nord part,
Et que le givre poind aussi de toute part.

Les cerisiers depuis longtemps jaunes, rougissent,
Puis leurs feuilles en bas l'une sur l'autre gisent,
Si bien que toute chose avec le temps revient,
A cette terre d'où toute chose provient.

Enfin le bon Dieu dit à l'hiver : — Mets en garde,
Tout ce qu'ils ont laissé dans ces champs, par mégarde..—
Et voilà qu'aussitôt l'hiver jette, à plein van,
Sa neige qui va tout couvrir dorénavant.

LE REVENANT.

(Traduit de Hébel.)

Il est des revenants, c'est chose incontestable ;
Après avoir trop bu le soir à quelque table,
Revenez de Kandern et vous rencontrerez
Un bois, où, j'en suis sûr, vous vous égarerez.

Là, jadis, on voyait une simple chaumière,
Qu'habitaient un enfant, un chat, une fermière ;
Le mari, vieux soldat sans peur et sans remord,
Aux champs d'Heltelingen avait trouvé la mort.

Lorsque sa pauvre femme en reçut la nouvelle,
Elle voulut d'abord se briser la cervelle ;
Pourtant elle reprit son enfant dans ses bras,
En lui disant : — C'est toi qui me consoleras.. —

Cela n'eût pas manqué ; mais, comme au coin de l'âtre,
Filait, un beau lundi, cette mère idolâtre,
Elle appelle son fils, le croyant dans la cour,
Puis sort et l'aperçoit sur le sentier, qui court....

Or, par ce sentier même un homme en pleine ivresse
Revenait de Kandern... la mère en vain s'empresse,

Pour sauver son enfant de ce rustre grisé...
Avant qu'elle y parvint il était écrasé...

Pour lui dans la forêt, voilà donc qu'elle creuse
Une fosse et s'assied dessus, la malheureuse!
En disant : — A bientôt, mon amour.. — en effet,
Deux ou trois jours après, d'elle c'en était fait.

Son corps s'anéantit au souffle de la brise,
Mais son âme resta sur cette fosse assise,
Et, bien que les buveurs n'aiment pas trop cela,
Pour venir de Kandern, il faut passer par là.

Et quand par ce sentier se montre quelque homme ivre,
Le fantôme l'empêche aussitôt de poursuivre,
Et l'égare au besoin, ne permettant jamais,
Qu'on touche à ce tombeau, son seul bien désormais.

Alors de mieux en mieux l'ivrogne se fourvoie,
Tout en se répétant : — Voici la bonne voie.. —
Puis le chat miaule et lui, tout rassuré qu'il est,
Prend cette voix de chat pour celle d'un poulet.

Le voilà donc qui fait des courbes sans pareilles,
Toujours avec ce cri de chat par les oreilles;
Puis au moment qu'il croit chez lui rentrer bientôt,
Il va heurter du front l'auberge de tantôt.

D'autres fois cependant cette route est hantée
Par des gens sobres, dont n'est pas épouvantée
La pauvre mère qui murmure en étouffant
Ses soupirs : — De ceux-ci ne crains rien, mon enfant.. —

TROISIÈME RÉCIT.

GENEVIÈVE.

§. 1.

La plus belle maison du village de Nordstetten, celle qui déploie un si large front sur la rue que tous les ouvriers *sur le tour*, en traversant le village, y entrent pour demander la *passade*, cette maison appartenait autrefois au père de Geneviève. Les deux autres maisons, à droite et à gauche, étaient ses granges. Le père est mort, la mère est morte, les enfants sont morts. Dans la grande maison il y a une tisserie de lin, les granges ont été converties en habitations, et Geneviève a disparu sans laisser de trace.

Une seule chose a pourtant survécu, et survivra probablement toujours; dans tout le village on appelle encore la grande maison *le château*, de même qu'on appelait *seigneur* le vieux Zahn, père de Geneviève. Il n'était pas natif du village, mais il y était venu de Bailingen, qui n'est éloigné que de deux lieues. Bailingen appartient au *Strohgäu*, c'est-à-dire au pays de la paille, ainsi nommé à cause de sa richesse en blé, et on appelle ironiquement ceux de Bailingen des *tripeurs de paille,* parce que toutes les rues du village sont couvertes de paille. Par ce moyen, on s'exempte d'abord de la peine de nettoyer les rues, et ensuite, de cette paille ainsi triturée, on obtient un nouvel engrais, car les gens de Bailingen ont tant de terres, que jamais sans cela ils ne pourraient y suffire. Le *seigneur* habitait depuis trente années dans la commune, et pourtant toutes les fois qu'il avait une querelle, on ne manquait jamais de l'appeler le *tripeur de paille de Bailingen,* et sa femme la *bancale de Bailingen.* La femme de Zahn n'était cependant pas bancale du tout, elle était encore pour son âge une belle et avenante femme, et d'un port irréprochable ; seulement son pied gauche était un peu trop court, ce qui faisait qu'elle boitait en marchant. Mais ce défaut corporel avait aussi été la cause de sa richesse extraordinaire : son père, qui s'appelait Stauffer, dit une fois publiquement à l'auberge que le pied court de sa fille n'était rien, qu'il mettrait dessous un boisseau de thalers à titre de dot, et qu'on verrait bien si tout n'était pas pour le mieux.

Le vieux Stauffer tint parole, et quand Zahn épousa sa fille, il lui fit remplir un boisseau de thalers, on en mit tant qu'il en put entrer, après quoi il passa le rouleau dessus et dit : — Voilà, tout ce qui est dedans est à toi. Sa fille fut obligée de mettre par plaisanterie le pied gauche sur le boisseau, que l'on plaça ensuite, tout plein d'argent, comme un plat superbe sur la table de noce.

Zahn acheta bientôt après, avec cet argent, le bien seigneurial du comte de Schletheim, il bâtit la belle grande maison, et c'est de là qu'on l'appela le *seigneur*. De neuf enfants qui lui étaient nés, cinq restaient en vie, trois garçons et deux filles. Geneviève, la plus jeune, était si belle et si bien bâtie que, moitié par ironie et moitié par entraînement, on l'appelait la *demoiselle*. Mais autant par pitié que par contentement du fait, presque tout le monde faisait observer, quand on parlait d'elle, qu'elle était *marquée*, car elle avait hérité du pied court de sa mère. A cette expression de *marquée* se joint une idée désobligeante ; on appelle ainsi les *rouges,* les bossus, les borgnes, les boiteux, et l'on veut dire par là que Dieu les a ainsi marqués, parce qu'ils sont ordinairement dangereux et méchants. Comme on traite ces sortes de malheureux avec ironie et défiance, ils deviennent assez ordinairement rusés et malins, et ce préjugé, injuste dans le principe, entraîne des conséquences que l'on accepte comme sa confirmation.

Geneviève ne faisait pourtant de mal à personne, elle était même bonne et affable pour chacun ; mais la haine que tout le village portait au père, s'étendait aussi sur ses enfants.

Le seigneur était depuis quatorze ans en procès

4

avec toute la commune. Il réclamait les droits du patronat seigneurial. Zahn tirait tous les impôts de grains pour la cuisine, les poules et les chevaux, enfin toutes les taxes d'origine seigneuriale. Il avait aussi cinq voix pour la nomination du bourgmestre. Seulement, les paysans ne s'acquittaient de toutes ces charges qu'avec le plus profond chagrin, et avec toutes sortes d'injurieuses moqueries.

Ainsi sont les hommes ! A un comte, à un baron, ils eussent tout payé sans dire le mot, tandis qu'ils maudissaient chacun des petits grains qu'ils devaient servir à l'un de leurs pareils. Ils ne surent se venger autrement qu'en fauchant pendant la nuit les champs de blé du seigneur, quand le blé était encore vert, mais cela ne tourna qu'à leur double désavantage, car Zahn porta plainte à l'administration syndicale, et comme les auteurs des dommages par lui éprouvés n'étaient pas connus, l'indemnité fut prise dans la caisse communale. On lui permit en outre d'entretenir un garde-champêtre pour lui seul, la moitié de sa solde devait être payée par la commune. Mais les difficultés entre les paysans et le seigneur n'en allaient pas moins leur train.

C'est à cette époque qu'un nouvel avocat vint s'établir dans la petite ville de Sulz, il commença l'instruction du procès de la commune avec le seigneur, procès dans lequel il s'écrivit tant de papier, qu'on eût pu en couvrir tout un arpent de terre. Le village appartenait encore alors à l'Autriche occidentale, le bailli avait son siège à Rottembourg, et le tribunal d'appel était à Fribourg en Brisgau, mais un procès important pouvait aller plus loin. Comme toutes les opérations étaient compliquées par l'éloignement du tribunal suprême, il était donc extrêmement facile de maintenir un procès en litige jusqu'au jugement dernier.

Les difficultés du seigneur avec ses voisins se changèrent à la longue en une hostilité complète entre les habitants de Baisingen et ceux de Nordstetten. A la foire comme à la ville, les gens de Baisingen se moquaient de ceux de Nordstetten dès qu'ils se trouvaient ensemble. Ils les appelaient ironiquement leurs sujets et leurs serfs, parce qu'un Baisingenois régnait sur eux. Ceux de Nordstetten, qui sont d'ailleurs bien connus pour de mauvaises langues, ne restaient pas courts d'une réponse. Un mot en amenait un autre, on riait, on plaisantait, en restant toujours *bons amis*; cependant les propos devenaient de plus en plus durs, et avant qu'on ait eu le temps de s'en apercevoir, voilà que la guerre se trouvait commencée d'un côté et de l'autre, et qu'on se bâtonnait à qui mieux mieux.

C'est à la foire d'Ergenzingen que cela arriva pour la première fois. Depuis ce moment, ceux de Nordstetten et ceux de Baisingen ne purent plus se retrouver ensemble sans se battre. Les jeunes gens des deux villages faisaient même plusieurs lieues de chemin pour se rencontrer à quelque danse ou à quelque noce. Ils se mettaient d'abord à boire et à danser paisiblement ensemble, mais à la fin l'inévitable bastonnade venait former le bouquet de la fête.

Quant au seigneur, il vivait dans le village comme dans un désert. Personne ne le saluait, personne ne venait le voir. Quant il entrait à l'auberge tout le monde faisait silence. Il semblait toujours qu'on venait précisément de parler de lui. Zahn mettait sa blague pleine de bon tabac près de lui sur la table, mais on se serait brisé la machoire contre la pierre, plutôt que de demander une pipe de tabac au seigneur. Dans le principe, il se donna toutes sortes de peines pour conjurer, par la bonté et l'affectuosité, ce concert d'inimitiés de tous ligués contre lui, car dans le fond, c'était un homme bon, quoique un peu rude, mais quand il vit que cela n'aboutissait à rien, il se mit à les mépriser tous indistinctement et ne fit plus attention à eux, il ne s'appliqua plus qu'à soutenir son droit. Il s'isola lui-même complètement de tous, prit des journaliers d'Ahldorf pour la culture de ses terres, et même, pour ne pas non plus prier Dieu avec ses voisins, il allait tous les dimanches à Horb pour y entendre la messe. Zahn avait un air de ville en s'en allant ainsi. Il paraissait plus court qu'il ne l'était en effet, parce qu'il était trapu et large d'épaules. Il portait résolument son tricorne un peu penché sur l'oreille gauche, avec le côté large en avant. L'ombre qui tombait alors sur son visage le rendait encore plus sombre et plus sérieux qu'il ne l'était réellement. Quand il s'en allait ainsi d'un pas ferme et décidé, les larges boutons d'argent, tout rapprochés les uns des autres, de son habit bleu sans collet, et les boutons d'argent ronds de son gilet rouge, résonnaient les uns contre les autres comme des clochettes.

La mère et ses enfants, mais surtout les deux filles, Agathe et Geneviève, souffraient beaucoup de cette division. Ces dernières étaient souvent assises l'une près de l'autre, à déplorer leur sort et à se lamenter, pendant que leur père était au cabaret avec son avocat. La haine était poussée si loin, que les pauvres eux-mêmes n'osaient pas accepter les aumônes qu'on leur faisait chez le seigneur. C'est en se cachant à la fois du père et des autres habitants du village, que la mère et les filles pratiquaient leur pieuse bienfaisance. Elles emportaient comme si elles les eussent volées, les pommes de terre, le blé et la farine dans le jardin du château, où les pauvres les attendaient.

La mère n'y pouvant plus tenir, elle alla voir son père et lui peignit sa misère. Le vieux Stauffer était un homme prudent et tranquille, qui aimait à suivre les voies sûres. Il envoya d'abord à Nordstetten Marem, un juif, son homme d'affaire, en le chargeant d'observer secrètement qui était l'instigateur de ce procès, et de voir s'il n'y avait pas moyen de s'arranger. Mais Marem était plus fin que le vieux Stauffer, quoique celui-ci fût depuis quinze ans bourgmestre. Il publia, par l'entremise de ses connaissances à Nordstetten, que le seigneur avait tant fait de bruit, qu'une commission impériale allait y venir aux frais de la partie qui perdrait, qu'elle devait examiner de près la chose, et resterait là jusqu'à conclusion définitive. Ensuite il vint lui-même auprès des *gros bonnets* de la commune, et leur insinua indirectement qu'il amènerait un arrangement si on voulait lui promettre une gratification, quoique la chose fût bien difficile. Il s'assurait ainsi un avantage des deux côtés.

Mais à quoi servent toutes ces belles finesses avec des hommes qui y vont comme des ours, et qui regardent comme des turpitudes tous les calculs et tous les procédés conciliants.

Le vieux Stauffer arriva bientôt, et avec lui Marem. Ils se rendirent, accompagnés du seigneur, à l'auberge où leurs adversaires s'étaient rassemblés. — Bonjour, monsieur le bourgmeistre, dirent ceux-ci aux nouveaux arrivants, comme si lui seul fût entré. Le vieux Stauffer tressaillit, cependant il se fit aussitôt apporter deux bouteilles de vin; il remplit les verres, et saisissant le sien, il le *choqua* contre les autres et but à la santé de toute la compagnie. Mais alors le serrurier Ludwig dit : — Nous vous sommes bien obligés, mais nous ne boirons pas. Tout respect devant vous, monsieur le bourgmeistre, mais chez nous c'est la mode de ne boire le vin du marché que quand l'affaire est faite. Comment s'arrangent à cet égard les riches messieurs de Bailingen, nous ne le savons pas.

Le bourgmeistre reposa son verre sans y toucher et soupira profondément. Là-dessus il aborda tranquillement la question, exposant qu'il ne fallait pas jeter à ces sangsues d'avocats le bien qu'on avait tant de mal à gagner, que chaque procès attaquait toujours la marmite, un écrémant la graisse par dessus, et qu'en faisant un pas chacun de son côté, on finirait par s'entendre.

Des deux côtés on proposa des sommes, afin de transiger, mais ces sommes étaient encore bien éloignées l'une de l'autre. Marem faisait tous ses efforts pour les rapprocher. Il prenait à part tantôt l'un, tantôt l'autre, et lui chuchottait quelque chose à l'oreille. Il prit même sur lui de proposer une somme moyenne, malgré l'opposition des deux parties, en faisant tous ses efforts pour les amener à se donner la main.

Alors le seigneur dit enfin : — Non, je vous céderais pardieu tout, plutôt que d'accepter une bagatelle pareille, entendez-vous, *Meurt-de-faim* que vous êtes !

— Qu'est-ce que c'est ? dit là-dessus le serrurier Ludwig, ce n'est pas à toi que l'on parle, *tripeur de paille!*

— Prenez garde, répondit le seigneur, vous ne le deviendrez pas, vous, tripeurs de paille, je me charge de faire si bien votre lit, que vous n'aurez pas même de la paille à vous mettre sous la tête. Oui, dussé-je me ruiner, moi, ma femme et mes enfants, et de tous mes champs n'en pas conserver large comme ma main. Je ne veux plus maintenant vous laisser un kreutzer en bourse, quand même je devrais aller jusqu'à l'empereur. Attendez ! attendez ! Il se leva en grinçant des dents. Il n'y avait plus moyen de parler d'arrangement. Il finit même par s'en prendre à son beau-père et partit en tiralt fortement la porte sur ses talons.

A la maison, la mère et ses filles pleuraient aussi fort que si quelqu'un fût mort, au point même que les passants s'arrêtaient un moment sous les fenêtres. Mais toutes les prières de la mère et des enfants ne servirent à rien. Le seigneur s'en tint à sa résolution. Le vieux Stauffer s'en retourna sans revoir sa fille, il lui fit seulement dire adieu par Marem.

Les choses en restèrent donc au même point. Le seigneur et sa femme étaient souvent en difficultés, mais Geneviève savait toujours tout ramener à bien. Le père avait pour l'*enfant* (on l'appelait ainsi dans toute la maison) une certaine vénération pieuse. Elle avait une figure si douce et si angélique, une voix si ravissante, qu'elle n'avait qu'à dire : — mon cher petit papa! en lui prenant la main et en le regardant avec ses beaux yeux bleus, pour le rendre bon et tranquille. L'homme fort et entêté se laissait adoucir par son enfant, comme si elle eût été un être surhumain. Il ne disait jamais une parole dûre quand Geneviève était là, et pour lui plaire, il faisait tout ce qu'elle voulait, sauf les démarches nécessaires pour se réconcilier avec ses ennemis.

A ce dernier égard, quoique bien ferme et résolu en apparence, le seigneur n'en était pas moins au fond dans une irrésolution profonde. Il eût volontiers tendu amicalement la main à ses adversaires, mais il aurait eu honte de cette faiblesse, comme il disait; il craignait même d'en avoir déjà trop fait, son honneur l'obligeant à persister. Dès qu'il pensait à son honneur, son orgueil reprenait le dessus, et il se considérait comme quelque chose de très supérieur à tous les autres paysans. Il était renforcé dans cette idée par les bourgeois de la petite ville voisine et par l'aubergiste de la *Couronne,* qui lui parlaient toujours de son intelligence rare et de sa fortune de baron. Il ne les croyaient pas précisément, cependant il ressentait un certain plaisir à s'entendre parler ainsi. Insensiblement, quand il eut remarqué que les gens de la ville n'étaient pas plus sensés que lui, il se regarda comme effectivement bien supérieur aux autres paysans. A vrai dire, il ne se trouvait jamais très bien avec des gens qui lui faisaient payer à tout propos quelque bonne bouteille de vin, mais après tout, se disait-il, il faut pourtant avoir une compagnie, et celle-ci vaut encore mieux qu'une bande de paysans bavards. Sans se l'avouer, il ne se plaisait là que parce qu'on y flattait sa vanité de toutes les manières.

Ainsi va le monde. Le seigneur vivait en désaccord avec lui-même, avec sa femme, avec ses concitoyens, avec tout, simplement parce qu'il ne voulait pas se soumettre, parce qu'il ne voulait rien céder des anciens droits, ou plutôt des anciens torts seigneuriaux, bien qu'il eût d'ailleurs largement de quoi vivre. Son cœur et ses pensées se troublaient toujours davantage, et il faisait son malheur et celui des siens, quand il lui eût été si facile de les rendre heureux.

Peu à peu, pendant les veillées d'hiver, quelques vieux paysans qui n'avaient pas de poêle chaud à la maison, et qui fuyaient les disputes de leurs femmes, commencèrent à venir chez le seigneur, mais il était grognard et bourru à leur égard, vexé que ceux là vinssent seuls, et non les plus importants. Aussi bientôt ces visites cessèrent.

La mère allait souvent passer plusieurs jours avec ses deux filles chez son père, à Bailingen; quant au seigneur, il boudait son beau-père et ne le revit plus que dans le cercueil.

La vie dans le village devenait de plus en plus désagréable. C'est une triste chose, quand on va aux champs, de ne trouver personne qui daigne vous dire bonjour. Le seigneur n'avait donc à s'entretenir qu'avec son gros chien Sultan, ce qui, pour un homme, ne laissait pas d'être une triste conversation.

Les temps difficiles que Napoléon amena sur l'Europe, n'épargnèrent pas la ferme la plus isolée dans la Forêt-Noire; Strasbourg n'était pas loin, et les gens, ceux surtout qui avaient de bonnes oreilles, prétendaient avoir entendu, de la lande de l'Hochboux, le canon de victoire de Strasbourg, ce qui pronostiquait une grande misère. Il n'était effectivement pas difficile de prophétiser alors que tout irait sens dessus dessous.

Pour la campagne de Russie on arma tout ce qu'on pouvait armer. Philippe et Gaspard, les deux fils aînés du seigneur, durent aussi partir. Leur père les eût accompagnés bien volontiers, car il était dégoûté de tout. Il vit partir ses deux fils d'un air de stupidité et d'indifférence qui semblait dire : — qu'il arrive ce qu'il voudra, cela m'est bien égal !

Philippe et Gaspard sont probablement restés dans les neiges de la Russie, car on n'a plus entendu parler d'eux. Le général Huzel a seulement raconté bien des fois ceci : — A la retraite de Moscou, je vis un soldat qui se retirait un peu à l'écart et auquel le froid, ou la faim, ou le mal du pays, ou peut-être aussi tout cela à la fois faisait ruisseler les larmes sur les joues. Je tournai bride vers lui et lui demandai amicalement : — d'où es-tu ? — Je suis le garçon du seigneur, là-haut dans la Forêt-Noire, répondit le soldat, en faisant signe de la tête, comme si la maison de son père se fût trouvée à une portée de fusil, là, au premier détour. A la réponse de ce soldat qui se croyait si près de chez lui, je me mis à rire si fort, que les larmes me coulèrent aussi sur les joues, mais elles restèrent suspendues, en boutons de glace, au bout de mes grandes moustaches.

Voilà tout ce que rapporte l'histoire sur la vie et la mort des deux garçons du seigneur.

Pendant ce temps-là on était partagé à la maison entre la joie et la peine. Quand un malheur ou une position triste dure longtemps, on finit par s'en arranger tant bien que mal ; un homme, quand il est bien portant, ne peut pas longtemps s'arrêter à la douleur, et la force de vitalité primitive ne tarde pas à se réveiller en lui. Ainsi faisait-on à la maison des fêtes et des épousailles, pendant qu'au loin, dans les pays étrangers, les victimes de la mort s'étendaient par centaines dans un lit de neige et de glace.

Agathe, la fille aînée du seigneur, était devenue la fiancée de l'aubergiste du *Cheval blanc*, à Eutingen. Comme le père était brouillé avec tout le village, il était bien obligé de placer ses filles dehors de l'endroit.

Le jour de la noce de sa sœur, Geneviève était superbe à voir. Les deux sœurs n'ayant pas d'amies dans la localité, Geneviève servit seule de compagne à la fiancée et fut habillée exactement comme elle. Elle avait sur la tête la coiffe, c'était une couronne faite en brillantes paillettes d'argent. Les deux jeunes filles portaient leurs cheveux en larges nattes qui pendaient derrière la tête et qui étaient tressées avec des rubans de soie rouge traînant presque jusqu'à terre. C'est là l'emblême particulier d'une jeune vierge, elle seule a le droit de porter un ruban rouge dans sa chevelure ; une fille qui a fait parler d'elle ne peut plus porter que des rubans de lin blancs. Geneviève avait autour du cou un collier de perles dont la sombre couleur relevait encore la remarquable délicatesse de sa peau. Un frais bouquet de fleurs faisait ressortir l'éclat éblouissant de son corset écarlate, qui était retenu des deux côtés par des agraffes d'argent à travers lesquelles serpentaient des chaînettes du même métal. La jupe de soie bleue, largement plissée tout à l'entour, retombait jusqu'au genou, recouverte à moitié par le tablier blanc. Partout, aux épaules comme au bout des petites manches de la chemise, flottaient des rubans rouges.

Avec leur cambrure si fortement évidée au milieu, les sabots donnaient à la démarche naturellement trébuchante de Geneviève quelque chose de plus mal assuré encore. Cependant quand, au bruit de la musique et des pistolets, elle se rendit à l'église avec sa sœur, Geneviève était si gracieusement éblouissante, que chacun eût très bien pu la prendre pour la fiancée elle-même.

Qui sait où étaient alors les deux fils de Zahn, pendant que lui et les siens faisaient joyeusement la noce. Personne ne pensait à eux ; Geneviève seule parut un moment fort préoccupée. On eût dit qu'elle ne voyait plus rien de ce qui se passait autour d'elle ; on eût dit que son regard transperçait les murailles et cherchait quelque chose au loin, dans l'infini... elle pensait à ses frères absents.

A peine deux mois s'étaient-ils écoulés que Melchior, le troisième fils du seigneur, célébrait aussi sa noce. Il avait fait connaissance de sa future, fille unique de l'aubergiste de l'*Ange*, à Ergenzingen, pendant la noce d'Agathe, et s'était fiancé peu de jours après. Quoique Melchior fût encore bien jeune, et qu'il n'eût qu'une année de plus que Geneviève, on avança cependant la noce, dans la crainte que sans cela il ne dût aussi partir pour la guerre. Melchior quitta donc le village, et Geneviève resta seule à la maison. Sa mère était maladive ; une douleur muette rongeait sa vie. Elle essaya souvent de décider son mari à tout vendre, pour quitter le village et aller habiter avec l'un de leurs enfants, mais le seigneur lui répondit si violemment, qu'elle dut renoncer à lui en parler. Dès ce moment Geneviève passa de bien tristes jours, car elle avait souvent à réconcilier et à calmer. L'état maladif de sa mère la rendait encore plus irritable et plus opiniâtre, et elle disait souvent que si son père eût encore vécu, elle aurait bientôt planté là son homme. Ces époux allaient bientôt voir une seconde génération résulter de leur union, et ils n'avaient pas encore pu s'accorder. Au contraire, plus ils vieillissaient et plus se manifestaient de l'un à l'autre l'aigreur et l'antipathie. Geneviève parvenait toujours, il est vrai, à ramener la paix, mais quand elle se trouvait seule, elle pleurait souvent amèrement sur la triste vie de ses parents et sur la sienne, en se promettant bien alors de ne jamais se marier. Il est vrai qu'elle ne connaissait personne à qui elle eût pu consacrer sa vie, et puis elle voyait aussi combien elle était nécessaire dans la maison paternelle; sans ses précautions, le feu de la mésintelligence aurait bientôt embrasé les quatre coins du logis. Il est écrit : — Dieu venge la faute du père sur les enfants. Cela est vrai surtout d'un mauvais mariage. Dans un cœur où l'amour filial n'a pas été développé, les misères de toutes sortes ont bientôt fait de tristes ravages.

La mort enleva quelque temps après la mère de Geneviève à son père, et c'est alors, quand sa femme fut morte, que le seigneur sentit au juste combien elle lui manquait, et aussi combien, dans le fond du cœur, il avait pourtant aimé sa femme. Il se désolait de ne pas l'avoir traitée avec bonté, et d'avoir si souvent regardé ses maladies comme autant de grimaces. Tous les mots durs qu'il lui avait dits, lui transperçaient l'âme, et il eût bien volontiers donné sa propre vie pour la rappeler à l'existence. Ainsi vont les choses. Au lieu de se traiter cordialement et amicalement pendant la vie, et de se rendre l'existence agréable, la plupart des hommes se désolent quand il est trop tard, quand la mort a arraché de nos côtés les compagnons naturels de notre vie. C'est pourquoi il faut s'aimer pendant que nous le pouvons encore, car chaque heure que l'on passe sans aimer et sans faire du bien, c'est autant qu'on enlève irrévocablement à son existence et à celle des autres.

Le seigneur ne retourna plus à la ville le dimanche, il demeura au village pour y entendre la messe, car sa femme était enterrée près de l'église. Chaque fois il faisait le tour pour se rendre au cimetière. On aurait dit que par cette visite du dimanche, il voulait se réconcilier avec la fosse de sa femme.

A la maison tout était tranquille. On n'y entendait plus de mots violents, et Geneviève y commandait aussi paisiblement que l'ange de la paix. La paix régnait là, oui, mais la véritable joie y manquait encore. C'était toujours comme si on y regrettait amèrement quelqu'un, ou qu'on attendît son arrivée.

Peu à peu le seigneur se trouva si bien de la manière dont Geneviève conduisait le ménage, et de ses soins affectueux, qu'il se sentit renaître. Il ne faisait plus rien sans l'avis *de l'enfant*, il lui remettait même beaucoup d'affaires importantes, et quand on s'informait de quelque chose, il disait toujours tranquillement : — Il vous faut demander cela à ma Geneviève.

Ils vécurent ainsi quelques années. Geneviève avait atteint la première moitié de sa vingtième année. Bien des prétendants s'étaient offerts pour obtenir sa main, mais elle disait toujours qu'elle ne voulait pas se marier. Le père lui donnait raison, puis il lui répétait : — Geneviève, tu es trop délicate pour un paysan ; si je gagne mon procès, nous irons à la ville, je te donnerai aussi un boisseau de thalers pour ta dot, et alors tu pourras choisir parmi les messieurs. Geneviève il est vrai se mettait à rire, mais intérieurement elle donnait cependant raison à son père, elle pensait que si elle se mariait, ce ne serait jamais avec un paysan. Elle avait trop longtemps souffert de leur violence et de leur rancune, et elle éprouvait contre eux une prévention trop profonde. Geneviève pensait qu'en ville, où les gens sont plus polis et plus délicats, ils devaient aussi être meilleurs et plus braves. Les nombreuses humiliations subies par elle, provenaient de ce qu'elle considérait les gens comme trop grossiers, et elle-même comme beaucoup meilleure ; en continuant de réfléchir à la vie des paysans, elle en vint à se regarder elle-même, non-seulement comme meilleure que les autres, mais encore comme d'une condition supérieure et bien plus distinguée. Ce fut là son grand malheur.

§. 2.

On se trompe très fort, si l'on croit qu'à la campagne on peut vivre tranquille pour soi seul. Cela ne se peut que dans une grande ville, où les gens ne s'occupent pas les uns des autres, où l'on passe journellement devant quelqu'un sans savoir qui il est ni ce qu'il fait, où l'on court devant un homme sans le saluer et presque sans le regarder, comme si c'était une pierre et non pas un de nos semblables; mais à la campagne, dans un village où le petit nombre des habitants se connaît, on doit en quelque sorte compte à ses semblables de ses actions et de ses démarches, on ne peut s'isoler dans son quant à soi. Dans la Forêt-Noire, le mode de saluer change même selon la chose que l'on vous voit faire; si vous montez la montagne, celui qui vous rencontre ne manque pas de vous dire : — Montez-vous là-haut? Si vous descendez : — Descendez-vous là-bas? Si vous chargez quelque chose sur une voiture : — Ne chargez pas trop! ou bien : — Ne travaillez pas si fort! Si vous êtes assis à vous reposer, devant chez vous ou au bord de votre champ : — Il fait bon se reposer! ou bien : — il fait beau ce soir. Causez-vous avec quelqu'un, le passant vous demande de même : — Qu'est-ce que vous dites de bon? etc.

Cette intervention orale dans les faits et gestes des autres, constitue une certaine communauté de la vie, qui s'étend sur tout. Mais le tableau a aussi ses côtés sombres. Que quelqu'un, par exemple, prétende arranger sa vie de telle façon qu'elle déroge aux mœurs et coutumes générales, il se trouvera exposé aux résistances et aux moqueries de tous. Les vieux garçons et les vieilles filles surtout deviennent le point de mire du sarcasme de la rue, leur célibat eût-il pour cause la pauvreté ou toute autre chose.

Aussi, plus Geneviève approchait-elle de l'époque déplorable où elle serait une vieille fille, et plus facilement usait-on à son sujet de railleries et de moqueries. Un certain dimanche, Geneviève se promenait par le village; le Trallé, espèce d'imbécille de village, la suivait à quelques pas. Un groupe de jeunes gens se trouvait dans ce moment devant la maison commune. Quand ceux-ci aperçurent Geneviève, l'un d'eux s'écria : — Tiens, Trallé, voici ta bonne amie! Le Trallé se mit à ricaner tout joyeux, sur quoi les autres l'encourageaient et l'excitaient à aller donner le bras à sa belle; Geneviève, en les entendant, se crut près de tomber à terre, de honte et de douleur. Déjà le Trallé gambadait de son côté et lui prenait le bras avec toutes sortes de grimaces, lorsque Geneviève leva sur ces jeunes gens un regard si lamentable et si ardent, que l'un d'eux se décida à prendre son parti. On ne comprit pas ce qu'il dit, car les autres riaient à gorge déployée. En ce moment il arriva à Geneviève un secours inattendu. Le chien Sultan, qui l'avait suivie, s'élança tout à coup aux épaules de Trallé, le saisit au collet et l'étendit par terre. Geneviève eut alors assez de peine à faire lâcher prise à son chien, et elle passa outre. Dès ce moment Sultan devint une autorité fort redoutée dans le village. Cet événement impressionna très fortement Geneviève, et ne fit que renforcer en elle son aversion contre les paysans.

Geneviève alla passer quelques semaines chez Melchior, à Ergenzingen; là régnait aussi souvent le trouble, car Melchior avait une femme dure et avare, qui lui donnait à peine de quoi apaiser sa faim.

Le bourgmestre d'Ergenzingen, un veuf, père de trois enfants, venait souvent chez Melchior; un jour il demanda Geneviève en mariage, Geneviève était presque décidée à accepter. Elle n'avait, il est vrai, aucune inclination pour le bourgmestre, mais sa vie solitaire lui était à charge, et puis elle se réjouissait à la pensée de devenir une bonne et tendre mère pour ces petits orphelins. Mais le seigneur représenta à sa fille que le bourgmestre était un butor qui avait très durement traité sa première femme, et il répéta plusieurs fois que pour Geneviève il fallait absolument un homme distingué. Le bourgmestre reçut un refus; sa demande ayant été connue dans le bourg, les jeunes gens, enchantés qu'ils étaient de jouer une niche à cet homme sévère, lui étendirent pendant la nuit de la paille, à partir de sa maison jusqu'à celle de Melchior. Le bourgmestre conçut dès-lors une haine profonde contre Melchior et Geneviève. Quant à celle-ci, elle retourna à la maison, et continua à partager la solitude de son père.

Plût à Dieu que Geneviève eût suivi son propre mouvement et épousé le bourgmestre ; mais elle s'acheminait vers la triste destinée qui l'attendait.

La vie de Zahn semblait devoir finir plus tôt que son procès. Cet homme, autrefois si fort, devenait maladif et languissant ; la peine et le chagrin longtemps retenus avaient, comme un ver, rongé le germe de sa vie. Souvent il restait des journées entières sans dire le mot, seulement par intervalles il murmurait quelques paroles incompréhensibles à son chien Sultan, qui posait sa tête sur la poitrine de son maître, et le regardait avec des yeux resplendissants de fidélité.

Geneviève ne pouvait pas être toujours auprès de son père, et maintenant qu'il était malade, il sentait doublement et triplement combien il était isolé et séparé du reste du monde. Il y a bien des gens qui, aussi longtemps qu'ils sont heureux et bien portants, vivent souvent au jour le jour, abandonnés de Dieu ; mais à l'arrivée d'un malheur ou d'une maladie, ils reviennent douloureusement à Lui, hélas ! souvent même au Dieu faux de la superstition. Il en arriva de même au vieux Zahn dans ses relations avec les hommes. Tant qu'il était en santé, il avait vécu abandonné des hommes, et s'en inquiétant peu. Maintenant, rien ne lui aurait été plus agréable que d'avoir quelqu'un avec lequel il eût partagé sa chambre bien chaude, et échangé une bonne prise de tabac. Le seigneur venait souvent à la fenêtre et regardait dehors, il se mettait même à tousser quand quelqu'un passait, mais personne ne le saluait, personne ne venait le visiter, et il refermait toujours tristement la fenêtre.

Deux jours avant le nouvel an, Geneviève était allée avec la domestique chercher de l'eau à la fontaine de la maison commune; elle se contraignait volontairement à cette besogne grossière, parce qu'elle avait appris que les gens disaient dans le village qu'elle se gênerait de la faire. Elle venait précisément de remplir sa seille, quand la fille lui dit: — Tiens, vois-donc celui-là avec ses yeux doubles, c'est bien sûrement le nouveau géomètre. Un monsieur habillé à la mode descendait en effet le village, il avait une paire de lunettes sur le nez. A l'instant même où il passait devant les deux jeunes filles, Geneviève mettait l'eau sur sa tête, mais un pas malheureux la fit glisser sur le verglas, elle tomba et se trouva entièrement inondée. Pendant que Geneviève se relevait, le monsieur étranger s'approcha d'elle, et lui tendit la main pour l'aider; il lui demanda, d'un ton plein de sollicitude, si elle ne s'était pas fait de mal, car elle venait de faire une chute périlleuse. Il y avait tant de bonté dans le ton de ces paroles, que Geneviève en fut tout à coup très agréablement émue; elle remercia cordialement et dit qu'elle ne s'était pas blessée; puis, accompagnée de l'étranger, elle reprit le chemin de la maison. — Eh! mais vous boitez, je crois, dit bientôt le monsieur, vous êtes-vous tordu le pied? — Non, je suis boiteuse, dit Geneviève; et bien qu'elle grelottât de tous ses membres, son visage devint rouge comme du feu. Elle couvrit sa figure de son tablier, en faisant semblant de s'essuyer, et pourtant son tablier était encore tout plein d'eau. L'étranger fit alors la remarque qu'elle boitait d'une manière à peine sensible; notre jeune fille sourit d'un air moitié incrédule, moitié flatté de l'observation. Geneviève était déjà fort embarrassée de sentir l'étranger l'accompagner ainsi côte à côte à travers tout le village, mais elle le fut encore bien davantage quand elle vit le monsieur entrer dans la maison de Zahn, après avoir dit quelques mots d'excuse et sans même attendre une réponse. Au même instant il est vrai, Sultan s'élança furieux sur l'étranger, et l'aurait certainement mis en pièces, si le seigneur et Geneviève ne l'avaient pas retenu de toutes leurs forces. L'étranger conseilla alors à la jeune fille de prendre quelques précautions contre le refroidissement, comme de se mettre au lit, boire du thé, etc.

Pendant ce temps-là, l'étranger, ou, pour l'appeler par son nom, Edouard Brœnner, s'était assis et causait agréablement avec le vieux Zahn; une heure s'était à peine écoulée, et il savait déjà toute l'histoire du seigneur. Celui-ci trouva bien vite *monsieur le docteur* Brœnner fort de son goût, mais le seigneur revint tant de fois avec tant d'instance sur le chapitre des lunettes, pour demander s'il en avait réellement toujours besoin, que Brœnner vit combien ce meuble doctoral lui était désagréable. Il ôta donc ses lunettes, aux applaudissements de son interlocuteur, qui lui dit même qu'il était bien plus facile de causer avec des gens dont les yeux n'étaient pas ainsi renfermés dans une lanterne. Zahn en vint alors à parler de ses douleurs corporelles; Brœnner lui répondit, en faisant une forte grimace, que jusqu'à ce moment on l'avait traité à contre-sens, et il lui prescrivit alors un infaillible remède.

A partir de ce jour, Brœnner vint presque journellement au château. Chacun se réjouissait de sa venue, excepté Sultan, qui conservait toute son aversion contre lui. Il ne voulait plus écouter personne, et on était obligé de l'attacher toutes les fois que Brœnner arrivait. Un jour, en s'en allant, celui-ci lui jeta un morceau de pain, mais le chien laissa le pain pour s'élancer sur l'homme, comme s'il eût voulu le dévorer, et le proverbe : — *un chien ne prendrait pas de lui un morceau de pain*, se trouva, pour Brœnner, justifié au pied de la lettre.

Mais Geneviève n'en accueillait pas moins bien les belles paroles et les cajoleries de Brœnner. Elle se disputa beaucoup avec la domestique, qui prétendait que Brœnner n'avait qu'un seul habit, puisqu'il venait le dimanche avec le même que celui qu'il mettait la semaine; elle traita de nigaude la servante, et lui expliqua que c'était comme cela chez les messieurs. Geneviève était souvent là, quand son père et Brœnner parlaient de toutes sortes de choses, elle se réjouissait alors chaque fois que son père applaudissait à la manière de voir de Brœnner, et qu'il trouvait son avis aussi sensé que le sien propre.

Le seigneur crut se trouver un peu mieux, à la suite des remèdes ordonnés par Brœnner, et celui-ci disait souvent à ce propos qu'il était réellement un bien meilleur docteur que le médecin officiel, mais que la loi lui interdisait de pratiquer. Il parlait alors longuement contre les messieurs, qui pensent qu'il n'y a d'instruits que ceux qui ont beaucoup de livres dans la tête ; c'est la pratique qui fait le maître, disait-il ; un paysan qui connait le monde s'entendrait souvent mieux en fait de gouvernement que tous les magistrats et baillis possibles, il en est la plupart du temps de même avec les médecins, c'est la pratique qui fait le maître. Pendant qu'il mêlait ainsi le vrai et le faux à tort et à travers, il se conciliait de plus en plus la sympathie de Zahn, qui voyait ainsi confirmée sa manière de voir la plus chère. On parla aussi à Brœnner du procès ; il fortifia le seigneur dans sa résolution d'avoir, aussi bien que sa partie adverse, recours à la corruption. Brœnner était d'avis qu'il fallait surpasser la partie adverse en donnant beaucoup d'argent.

Alors, dans le *bon vieux temps,* il était impossible de terminer une affaire sans *retours du bâton,* et les employés acceptaient cela sans la moindre gêne.

Un soir que Brœnner allait quitter la maison, Geneviève le reconduisit jusque sur le seuil de la porte ; là ils s'arrêtèrent encore un instant à parler ensemble. Brœnner prit les deux mains de la jeune fille et lui dit : — *Parole d'honneur,* Geneviève, vous êtes une aimable demoiselle, et vous n'avez pas les manières d'une paysanne; vous êtes aussi beaucoup trop belle pour une paysanne, *parole d'honneur*, et vous avez autant d'intelligence que pas une à la ville.

Geneviève lui répondit bien qu'il voulait seulement plaisanter, mais au fond, elle lui donnait cependant raison. Il baisa alors la main de Geneviève et prit congé d'elle en ôtant poliment son chapeau. La pauvre jeune fille resta encore longtemps, toute pensive, sur la porte à le regarder s'éloigner; un charmant sourire voltigeait sur sa figure, les manières si polies et en même temps si cordiales de Brœnner, lui avaient plu au suprême degré.

Elle remonta donc l'escalier en chantant, et la grande soupière qu'elle portait étant tombée de ses mains, elle ne fit qu'en rire. Tout lui semblait si agréable ce soir-là, qu'elle ne pouvait faire triste mine. Elle alla même encore à la cave, quoiqu'il fût tard, et rapporta en secret une bouteille de cidre aux domestiques; elle voulait qu'eux aussi participassent à sa joie, quoique ce ne fût pas un dimanche.

La liaison entre Brœnner et Geneviève marcha dès-lors à pas de géant.

Un nouvel événement, presque inattendu, tant il avait tardé, apporta une nouvelle joie dans la maison du seigneur. On apprit qu'il avait enfin gagné son procès. La partie adverse s'étant rendue à Rottembourg, le bailli lui avait dit clairement, mais pourtant avec des paroles dorées, que le cheval alezan du seigneur avait prévenu et dépassé *leur rosse*.

5

Quoique Zahn ne pût pas sortir, il tira cependant de l'armoire son habit des dimanches, et s'assit tout joyeux dans son fauteuil. Il fit donner à Sultan un grand pot de lait pour son déjeuner. Il envoya en même temps un commissionnaire à Melchior et à Agathe, en les invitant à venir se réjouir avec lui; on ne lui avait pas encore dit qu'Agathe était à son lit de mort. Il fit aussi inviter Brœnner, et celui-ci fut la seule personne qui vint au gala. Le seigneur resta à table jusque bien tard dans la nuit, à boire, à rire, à causer; quelquefois cependant il devenait pensif, il aurait voulu que sa *vieille* fût encore là en vie, et il avalait alors un plein verre en son souvenir. Il fallut à la fin l'emporter, à moitié endormi, de son fauteuil dans son lit.

Il était déjà tard quand Brœnner se disposa aussi à partir. Geneviève l'éclaira jusqu'en bas, ils étaient tous deux fort émus et s'embrassèrent de leur mieux ; à toutes les prières et supplications du docteur, Geneviève se contentait de répéter tout haut : — Bonne nuit! Brœnner en fit autant, il prit la clef de la maison, ouvrit la porte, la frappa fortement et la ferma de nouveau. Mais il n'était pas sorti, et il se glissa en haut dans la chambre de Geneviève. Personne dans la maison ne s'en aperçut, seulement Sultan, qui était attaché dans la cour, aboya d'une manière incroyable pendant toute la nuit, comme si un voleur s'était introduit dans la maison.

Cette nuit-là, l'ange de la vie et l'ange de la mort se partagèrent l'empire de cette maison. Le lendemain matin on trouva le seigneur dans son lit, mort d'apoplexie.

Personne ne s'expliquait pourquoi Geneviève trépignait comme une folle autour du cercueil de son père, et pourquoi elle ne voulait pas se laisser calmer. Elle, toujours si intelligente et si réfléchie, ne voulait maintenant plus entendre raison.

Le bien seigneurial fut alors acheté par un baron, et les paysans lui payèrent toutes les anciennes redevances, sans dire le moindre mot.

§. 3.

Geneviève se rendit alors chez son frère Melchior, à Ergenzingen; personne ne la suivit que Sultan. Sa sœur Agathe mourut bientôt après la mort du père, et les gens dirent alors que Geneviève devait épouser son beau-frère, mais la chose ne pouvait pas se faire. Brœnner venait toutes les semaines plusieurs fois à Ergenzingen. Il devait avoir trouvé quelque part de l'argent, car il était magnifiquement habillé, aussi se comportait-il envers Geneviève et envers tout le monde avec beaucoup d'assurance, même avec une certaine prétention. Il donnait à entendre qu'on l'appellerait bientôt monsieur le docteur! Geneviève ne savait pas bien ce qu'il en devait être, cependant elle prenait plaisir à tout ce qui le regardait, car elle s'était mise à sa discrétion.

Il y avait chez Melchior un domestique nommé Wendel, un garçon laborieux et robuste, qui était en communauté d'amitié et de haine avec Sultan. Il aimait le chien, parce que le chien détestait Brœnner aussi fort que lui, et aussi parce qu'il était en même temps très attaché à Geneviève. Un jour Brœnner se mit à tutoyer Wendel, celui-ci, qui n'attendait qu'un prétexte pour le détester, voua dès-lors à ce faquin une haine à mort. Cependant il se laissa envoyer plus de vingt fois chez lui, à la ville, et souvent tard dans la nuit, quand Geneviève lui disait : — Wendel, veux-tu bien avoir la bonté ! Il s'en allait alors, accompagné de Sultan, porter une lettre de Geneviève au *docteur*. Souvent aussi, après une longue journée de charrue, lorsque Wendel était encore plus fatigué que son cheval, Geneviève n'avait qu'à lui dire une bonne parole, et il attelait de nouveau sa bête pour reconduire Brœnner, à travers la nuit et la tempête. Un samedi soir, Geneviève dit à Wendel dans la cour : — Demain, de grand matin, veux-tu avoir la bonté d'aller à Horb chercher Brœnner?

— Est-ce donc vrai, demanda Wendel, que vous voulez vous fiancer l'un à l'autre?

— Oui.

— Si vous m'en croyiez, vous ne le feriez pas, il y a assez de braves paysans.

Geneviève répondit : — Tu ne peux donc pas pardonner à Brœnner de t'avoir une fois tutoyé? Elle voulait insister, mais elle se retint, pour ne pas faire de la peine à Wendel. Cependant elle se disait intérieurement qu'il était pourtant horrible de voir combien le paysan est bête et têtu; et là-dessus elle se félicitait de l'idée d'en être bientôt débarrassée. Malgré son opposition, Wendel, bien avant qu'il fît jour, était déjà sur la route, avec sa voiture, pour aller chercher Brœnner.

Geneviève et Brœnner se fiancèrent donc alors publiquement, ce qui en fit dire aux gens de toutes les couleurs ; on prétendit même en secret que Brœnner avait donné un breuvage mortel au seigneur, parce qu'il ne voulait pas consentir au mariage de sa fille. C'est ainsi que les gens, avec leurs prétentieuses conjectures, vont presque toujours beaucoup trop loin.

Le premier changement auquel il fallut alors que Geneviève se soumît fut bien triste. Brœnner lui envoya un jour une tailleuse de la ville pour lui faire essayer des habits. Geneviève se fit à elle-même l'effet d'une recrue qui n'est plus maître de sa personne, et qui est obligée d'endosser l'uniforme parce qu'elle a eu le sort. Elle se prêta à tout sans dire le mot. Le dimanche suivant, quand il fallut mettre les habits neufs, Geneviève se mit à pleurer dans la chambre, auprès de la tailleuse, en prenant douloureusement congé de ceux qu'elle quittait. Il lui semblait qu'elle disait par-là même adieu à toute la vie qu'elle avait menée jusque là. Elle regardait avec douleur sa belle robe de droguet ; c'était sa mère qui la lui avait donnée pour sa confirmation, c'est avec cette robe qu'elle était allée la première fois à la sainte communion, et sa mère lui avait dit qu'un jour ce serait aussi avec cette robe là qu'elle irait se marier. Le principal désagrément des habits de ville, désagrément qui indique bien déjà toute la vie des riches, c'est qu'on ne peut pas les mettre seul et sans le secours de quelqu'un. Geneviève frissonnait toujours en voyant la couturière tournailler ainsi autour d'elle. Ses cheveux, bien tressés, furent retenus par un peigne, et quand enfin Geneviève put se regarder dans le miroir, elle ne put s'empêcher de rire, et de se faire à elle-même poliment la révérence.

Brœnner fut enchanté quand Geneviève entra timidement dans la chambre ; il prétendit qu'elle était dix fois plus belle. Mais quand Geneviève lui dit que les robes de ville n'étaient pourtant rien du tout, et qu'une seule robe de paysanne valait mieux et coûtait bien plus que six de la ville, comme celle qu'elle avait mise, Brœnner fronça le sourcil, et répondit que c'était là un sot propos de paysan. Geneviève se mordit les lèvres, et ses yeux se remplirent de larmes ; elle sortit pour pleurer.

Geneviève ne quittait presque pas la maison, tant elle se gênait d'être ainsi *masquée*, il lui semblait que chacun devait la regarder. Il n'y avait qu'une seule fille dans le village, laquelle avait été élevée chez la vieille Ursule, qui portât aussi des habits de ville, et l'on ne savait pas au juste d'où elle était.

Geneviève avait à passer de bien mauvais jours dans la maison de Melchior ; sa belle-sœur était méchante comme un dragon, c'était peut-être parce qu'elle n'avait jamais eu d'enfants. Melchior et Geneviève s'asseyaient souvent à la grange, et feignaient d'éplucher des carottes par plaisanterie, mais dans le fait ils les mangeaient du meilleur appétit. Geneviève faisait tout son possible pour maintenir son frère en bonne patience. Elle savait ce que c'est que le désaccord dans un ménage; elle insistait sur ce point, qu'il fallait endurer en paix les privations, et le bon Melchior consentait à tout.

Cependant, Geneviève suppliait toujours Brœnner d'accélérer leur mariage. Mais celui-ci exhiba bientôt un nouveau projet. Il voulait émigrer en Amérique, il était aussi à même de faire le docteur que le médecin de l'administration, mais il ne lui était pas permis de pratiquer, et c'est pourquoi il voulait et devait partir.

Geneviève joignit les mains, se jeta à ses genoux et le supplia de renoncer à une idée pareille ; n'avaient-ils pas assez de fortune pour vivre, sans même avoir besoin de se mêler de médecine ? Mais Brœnner resta inébranlable, et traita Geneviève de sotte fille de village, qui ne sait pas seulement que derrière les montagnes il y en a encore du monde. A ces mots Geneviève s'affaissa la face contre terre ; une effrayante pensée venait de traverser son âme, la pensée qu'elle était méprisée et qu'elle serait éternellement malheureuse. Brœnner s'en aperçut, vint à elle, la releva amicalement, l'embrassa et se mit à lui parler affablement, si bien que Geneviève oublia tout et consentit à ce qu'il voulait; elle était prête à le suivre en Amérique, elle l'eût suivi jusqu'au bout du monde, tant il s'était rendu maître de son cœur et de sa pensée.

Brœnner avait déjà tout préparé; la fortune de Geneviève avait été convertie en argent, et, pour la commodité du voyage, changée contre de l'or. Geneviève prélevait cela sur sa dot.

Geneviève et Brœnner étaient sur le point de faire publier leurs bans à l'église, mais les papiers de Brœnner, qui était originaire du pays de Hohenlohe, n'arrivaient toujours pas. Alors celui-ci vint vers Geneviève, un jour qu'elle était dans la cuisine, occupée à relaver, et lui dit: — Geneviève, sais-tu une chose? Il faut que j'aille chez nous, chercher mes papiers moi-même. Là en bas, j'ai un ami avec une voiture, c'est justement une belle occasion pour aller jusqu'à Tubingen, alors je ferai faire aussi notre passeport par l'ambassadeur, et nous pourrons encore partir cet automne.

— Plutôt aujourd'hui que demain, dit Geneviève.

— A propos, dit de nouveau Brœnner, je n'ai plus d'argent avec moi, ne pourrais-tu m'en remettre un peu?

— Tiens, voilà la clef, dit Geneviève, vas-en chercher là haut, tu sais où il est, à gauche, près des chemises neuves qui sont liées ensemble avec un ruban.

Brœnner monta dans la chambre du haut, et redescendit un instant après. Geneviève essuya ses mains avec son tablier et les lui tendit. La main de Brœnner tremblait. Geneviève voulait le reconduire un petit bout de chemin, mais il la pria de rester et redescendit l'escalier au galop. Cela fit bien mal à

Geneviève de voir que Brœnner ne voulait pas qu'elle l'accompagnât jusque sur le pas de la porte, elle pensa qu'il avait honte d'elle devant son ami, et se mit à réfléchir là dessus au sort qui l'attendait; des larmes amères se mirent bientôt à couler dans sa tine à laver. Ensuite elle monta dans sa petite chambre, sous le pignon du toit, afin de regarder par la fenêtre et de suivre encore des yeux la voiture. Mais quel ne fut pas son étonnement quand elle vit que la voiture, au lieu de suivre la route de Tubingen, avait pris celle de Herremberg, tout à l'opposite. Elle avait déjà ouvert la bouche comme pour les rappeler, et leur crier qu'ils se trompaient de chemin, puis elle se dit qu'on ne pouvait l'entendre, ou que Brœnner devait s'être trompé.

Huit, quinze jours s'écoulèrent, sans qu'on revit Brœnner ni qu'on reçût de ses nouvelles. Geneviève était souvent bouleversée à l'idée d'appartenir toute sa vie à un homme qui n'aurait pour elle ni amour ni respect; elle n'était pas orgueilleuse, mais elle se disait pourtant que chacun, même le bourgmestre de l'endroit, aurait été heureux d'obtenir sa main. Puis tout aussitôt après elle pensait de nouveau à Brœnner, et lui demandait intérieurement pardon de tous les cuisants reproches qu'elle lui avait adressés dans son âme. Elle se le figurait là, devant ses yeux, et il lui paraissait alors si noble et si aimable, qu'elle ne voyait plus en lui le moindre défaut; car c'est toujours ainsi: quand nous sommes éloignés des gens que nous aimons, nous ne voyons plus de défauts en eux, mais uniquement des vertus.

Melchior interrogea Geneviève sur les longs retards de Brœnner, elle fit semblant d'en bien connaître la cause et d'être parfaitement tranquille.

Un jour Geneviève était assise dans sa chambre, elle avait été longtemps à sa fenêtre à regarder si elle ne verrait pas arriver Brœnner, mais elle n'aperçut rien. Elle voulut se procurer un plaisir, et ouvrit pour cela l'armoire, afin de contempler son trousseau, mais, ô ciel ! tout y était sens dessus dessous, comme si des sorcières y avaient passé. Elle porta involontairement la main sur son argent, mais... il était parti. Elle poussa un grand cri, et aussitôt, semblables à des traits de feu, ses souvenirs se mirent à traverser son âme : la fausse route que Brœnner avait prise, le tremblement de sa main, la défense d'aller le reconduire, le long retard... Geneviève s'élançait déjà vers sa petite fenêtre pour se précipiter en bas, lorsqu'une main la saisit par derrière ; c'était Melchior qui était accouru à son cri de détresse.

Geneviève tomba à genoux, en joignant les mains, et raconta tout à son frère. Melchior bondit de rage, il voulait partir et demander assistance à tous les tribunaux. Mais Geneviève tomba la face contre terre et lui raconta sa faute ; Melchior se pencha alors aussi contre terre et pleura avec elle. Ils restèrent longtemps ainsi dans les bras l'un de l'autre, sans rien se dire, à s'embrasser en sanglottant. On eût presque dit qu'ils avaient honte de se regarder.

Ceux qui connaissent les hommes, et le caractère des paysans en particulier, apprécieront certainement la bonté de Melchior. Il n'adressa jamais à Geneviève le moindre reproche, et il chercha au contraire, tant qu'il le put, à relever son pauvre esprit si profondément abattu. La plupart des hommes se font payer leur compassion pour une infortune ou un faux pas, en semblant n'y trouver qu'une occasion d'exhaler leur *colère amicale,* et de faire de longues remontrances. Cela peut être bon pour les enfants, et pour les hommes qui ne comprennent pas ce qui leur arrive ou ce qu'ils ont fait; mais avec des gens sentant la flèche qui leur perce la poitrine et qui reconnaissent leurs fautes, il est superflu, sinon même cruel, de retourner encore le fer dans la plaie, au lieu de le retirer aussitôt, avec douceur et charité.

Melchior délibéra alors avec Geneviève sur ce qu'ils avaient à faire; ils convinrent tout d'abord qu'il ne fallait pas de bruit, et qu'on devait tout mener à conclusion dans le plus grand mystère. Avec une résolution qui faisait de lui un tout autre homme, Melchior exigea de l'argent de sa femme, et quelques heures après il partait en voiture à la poursuite de Brœnner. Geneviève voulait le suivre, il lui semblait qu'elle ne devait pas rester là à attendre et à pleurer. Mais Melchior la dissuada de la manière la plus affectueuse.

Les jours et les semaines se passaient dans les plus douloureuses inquiétudes. Celui qui aurait connu précédemment Geneviève eût été alors singulièrement épouvanté des changements survenus dans tout son être. Mais elle ne se laissait voir à personne, et vivait d'une existence sans volonté, qui n'était pas réellement une vie ; elle buvait et mangeait, se couchait et se levait, mais tout cela sans le savoir et sans le vouloir, et en regardant fixement devant elle comme une véritable folle. Il lui était impossible de pleurer. Toutes ses pensées et toute son âme étaient presque comme frappées de mort, comme ensevelies vivantes. Elle entendait le monde s'agiter autour d'elle, elle comprenait cette agitation, mais quant à elle-même, elle ne se comprenait nullement.

Quand Melchior revint sans avoir découvert la moindre trace de Brœnner, Geneviève l'écouta d'un air d'égarement qui déchirait le cœur, mais elle semblait préparée à tout. Geneviève continua à vivre ainsi dans sa douleur contenue, sans dire le mot. Seulement, quand elle apprit qu'un mandat d'arrêt avait été lancé contre Brœnner, elle poussa les hauts cris, il lui semblait que des millions de langues allaient publier par le monde sa douleur et sa faute ; et pourtant — l'amour d'une femme va si loin — elle pleurait davantage sur Brœnner que sur elle-même.

Malgré tout ce qu'il avait déjà de triste, le sort de Geneviève n'était pas encore arrivé à son dernier point. Quand sa belle-sœur apprit sa position, sa dureté de cœur ne connut plus de bornes, elle poursuivit et maltraita Geneviève de toutes les façons.

Mais celle-ci endurait tout patiemment, elle se regardait comme destinée à porter une lourde croix, et elle obéissait sans murmurer. Tout ce que son cœur renfermait d'amour et d'affection semblait lui donner une nouvelle force physique et morale, qui surpassait en renoncement toutes les violences possibles. Cependant quand Geneviève entendit les reproches que sa belle-sœur faisait à Melchior, et comme elle maudissait le jour où elle était entrée dans une famille marquée d'une telle flétriseure, le cœur de la malheureuse saigna lamentablement. Elle, douce comme un ange, elle devait donc être la honte sa famille ! Tout le reste elle le supportait, mais être la cause du malheur et de la honte de son frère, c'était trop fort pour elle.

Malheureusement, le chemin de Geneviève était pour ainsi dire bordé d'une ligne compacte de méchants, enveloppés du manteau des plus noires passions; cela l'empêchait de reconnaître les bons, enveloppés dans leur noblesse de cœur, qu'il n'est pas si facile de pénétrer, parce que leur vertu paisible exige, et parce qu'eux-mêmes doivent attendre, qu'on se donne la peine de les découvrir.

Un jour que Geneviève pleurait, assise près du feu, à la cuisine, Wendel entra et dit :

— Il ne faut pas vous tourmenter, je vous l'ai déjà dit dans le temps, il y a encore bien assez de gens de village qui sont braves et honnêtes, quand même ils ne savent pas faire les compliments.

Geneviève, étonnée de ces paroles, releva ses yeux pleins de larmes, mais elle ne répondit rien, et Wendel continua un moment après :

— Oui, regardez-moi bien, ce que je dis est aussi vrai que si le curé l'avait prononcé en chair. Il s'approcha de Geneviève et lui prit la main, puis il continua : — Tenez, en deux mots comme en cent, je sais où vous en êtes, ce qui n'empêche pas que vous soyez encore plus brave que cent autres, et si vous dites oui, dans quinze jours ce sera notre noce, et votre enfant sera mon enfant.

Geneviève retira précipitamment sa main, et s'en couvrit les yeux, puis elle se leva et dit, la figure en feu : — Sais-tu donc aussi que je suis à la mendicité ? tu ne savais pas cela, n'est-ce pas ?

Wendel resta un moment interdit ; la colère et la pitié se combattaient dans son cœur aussi bien que sur son visage, il rougit de ces paroles, pour Geneviève et pour lui même, puis enfin il lui dit : — Oui, je sais tout, si tu étais encore riche, je ne t'aurais rien dit de toute ma vie ; ma mère a un petit bien, je me suis épargné quelque argent, avec cela nous pouvons travailler et nous en tirer avec honneur.

Geneviève joignit les mains, leva les yeux au ciel et dit :

— Pardonne-moi Wendel, non, je n'ai pas pensé si mal ; je ne suis pas si méchante, mais tout le monde me semble ainsi, pardonne-moi.

— Veux-tu dire oui ! demanda Wendel.

Geneviève secoua négativement la tête, et Wendel frappa du pied la terre en s'écriant : — Mais pourquoi donc !

— Je ne peux parler longtemps, dit Geneviève en respirant péniblement, mais pardonne-moi, je ne peux pas; Dieu te récompensera sûrement de ton bon cœur, mais ne parlons plus jamais de cela.

Wendel sortit, et s'en alla de ce pas dire à Melchior qu'il quitterait son service à la St-Martin.

Enfin le plus pénible de ses malheurs fondit sur Geneviève. Le bourgmestre de l'endroit avait découvert sa position, et l'homme impitoyable donna carrière à son ancienne fureur, jusque là contenue ; il fit dire à Geneviève, par le garde-champêtre, qu'elle eût à quitter le village et à retourner dans son endroit natal, car sans cela, si son enfant naissait à Ergenzingen, il pourrait y réclamer un jour ses droits de commune.

Geneviève ne voulut pas que l'on fît des démarches contre une cruauté pareille, et par une orageuse nuit d'automne, elle monta en voiture avec Wendel et partit pour Seedorf. Wendel chercha à la consoler en route du mieux qu'il put, il lui dit qu'il se désolait tous les jours de n'avoir pas jeté une fois Brœnner en bas la côte de Bildechingen, comme il en avait souvent eu le projet, de manière à lui casser la tête et les membres. Geneviève sembla presque joyeuse qu'on ne pût pas trouver un gîte à Seedorf. Wendel le pria et la conjura de venir avec lui chez sa mère, à Bohndorf; mais elle ne voulut rien entendre, et le renvoya le lendemain matin à la maison, puis continua sa route à pied, pour aller, disait-elle, à Tubingen. Sultan était aussi du voyage, et comme il ne voulait pas quitter Geneviève, Wendel fut obligé de l'attacher avec une corde au dessous de sa voiture.

Le vent chassait la pluie, le sol était si mouvent que l'on glissait à chaque pas, lorsque Geneviève prit la route de Rottembourg. Elle avait ses habits de ville et portait un mouchoir rouge autour du cou. Elle avait sous le bras un petit paquet. Une vieille chanson, entièrement oubliée, se réveilla tout à coup dans sa mémoire, c'était la chanson de la fille délaissée du comte.

— Est-ce l'orgueil, chez toi qui désespère?
Dis, pleures-tu les trésors de ton père,
Ou ta jeunesse, ou ton honneur, hélas!
Ton pauvre honneur qui ne renaîtra pas?

Geneviève était à peine à cent pas de Seedorf, qu'elle entendit tout à coup quelque chose lui courir après. Elle ressauta de frayeur, mais sa figure redevint bientôt amicale, c'était Sultan, qui portait au cou le bout d'une corde qu'il avait brisée; il était transporté d'aise et ne pouvait plus se calmer.

La tempête était si bruyante que le vent faisait comme deux pierres que l'on frappe bruyamment l'une contre l'autre tout près de l'oreille, ou comme si, de toutes parts, d'insaisissables et mugissantes étoffes s'entortillaient autour de vous en s'efforçant de vous étouffer. Geneviève marchait toujours avec bien de la peine. Tout à coup, sans savoir ni pourquoi ni comment, la pensée lui vint qu'à pareille heure Brœnner devait être sur la mer. Elle n'avait jamais vu de sa vie une tempête, elle n'avait lu que la description qu'en donne l'Evangile, mais maintenant elle en avait une au naturel devant ses yeux, et elle-même se trouvait au milieu. Elle voyait les sombres vagues, hautes comme des maisons, elle voyait le vaisseau, tantôt à leur cime et tantôt au fond du gouffre ; et, sur le pont, Brœnner, les bras lamentablement levés au ciel. Geneviève étendit pareillement les bras ; sa bouche s'ouvrit, mais son cri expira sur ses lèvres, elle venait de voir Brœnner précipité dans la mer et une vague l'engloutir. Geneviève laissa tomber ses bras, ses mains se joignirent, et elle se mit à prier pour la pauvre âme du malheureux. Puis elle s'arrêta un moment, comprenant au fond de son âme qu'à cette même minute Brœnner venait de mourir. Bientôt elle releva la tête en soupirant, reprit son paquet qui était tombé, et continua sa course à travers la pluie et l'orage.

Au détour du chemin, sur la hauteur d'où l'on aperçoit la petite ville de Rottembourg, se trouve une chapelle ; Geneviève y entra et resta longtemps en ardentes prières. Quand elle sortit de la chapelle, elle vit devant elle la grande plaine qui ressemblait à un lac ; le Neckar était débordé. Geneviève fit le tour de la ville pour aller à Hirsau. Là elle trouva une vieille connaissance, que nous n'avons pas non plus oubliée, c'était Marem, qui portait un bissac sur son dos et menait une vache par la corde; il allait aussi à Hirsau. Marem fut pris d'une telle pitié pour le sort de Geneviève, que des larmes lui en vinrent aux yeux. Qui aurait cru cela? c'est pourtant ce qui arriva. Prenez un paysan juif et un autre paysan de pareille éducation, vous trouverez le premier plus fin, plus intéressé et plus froid en apparence, mais en face d'une misère purement humaine, vous découvrirez presque toujours en lui une compassion pleine de chaleur et de délicatesse, qui en fait un tout autre homme. Si son sort l'abrutit sous beaucoup d'autres rapports, ce même sort le rend aussi un frère compatissant pour toutes les douleurs humaines.

Marem fit son possible pour engager Geneviève à retourner, il lui offrit sa propre maison pour asile; il voulut même lui remettre de l'argent, mais Geneviève refusa tout. Ils entrèrent ensemble à Hirsau. Marem commanda une bonne soupe, mais Geneviève se leva après en avoir avalé une cuillerée. Elle voulut partir. Marem proposa de retenir le chien, mais Geneviève ne consentit pas à quitter la pauvre bête, et se remit en route en disant à Marem : que Dieu vous récompense !

Une heure après, Marem, après avoir vendu sa vache, alla lui-même à Tubingen. Non loin de Hirsau, il vit le chien accourir à sa rencontre. Il portait à la gueule un mouchoir rouge. Marem pâlit d'épouvante ; Sultan sautait autour de lui d'une manière effrayante. Ils arrivèrent à un endroit où les eaux avaient envahi la route ; le chien s'élança au milieu, et se mit à nager toujours plus avant, toujours plus avant... jusqu'à ce qu'enfin il disparut.

LA PIPE.

(Traduit de Hébel.)

Au printemps, quand les fleurs poussent au bout des branches,
Quand nichent les oiseaux sous les râmures blanches
Et qu'on sent au soleil son cœur se ranimer,
Qu'on est heureux d'avoir une pipe à fumer.

L'été, quand les moissons dans les plaines jaunissent,
Quand de fruits savoureux les vergers se garnissent
Et qu'on se croit toujours au moment de pâmer,
Qu'on est heureux d'avoir une pipe à fumer.

L'automne encore, quand l'insoucieux automne
Vient, à califourchon, s'installer sur sa tonne,
Pleines d'exhalaisons si douces à humer...
Qu'on est heureux d'avoir une pipe à fumer.

L'hiver enfin, quand tout s'enveloppe de neige,
Et que pour déjouer la bise qui l'assiége,
Chacun ne songe plus qu'à se bien enfermer..
Chacun est heureux d'avoir une pipe à fumer.

LE DIMANCHE MATIN.

(Traduit de Hébel.)

Le samedi s'en vient bien tard dire au dimanche :
— Voilà que je les ai tous couchés sur la hanche,
Bien fatigués qu'ils sont, et j'en vais faire autant,
Car mes jambes sous moi faiblissent par instant. —
Pendant qu'il parle ainsi, l'heure douze fois sonne ;
Le dimanche alors dit d'une voix qui résonne :
— A mon tour.. — puis il ouvre, encor tout endormi,
Sa porte au fond du ciel et retombe à demi.

Enfin, frottant ses yeux, il arrive à la porte
Du soleil qui dormait aussi d'étrange sorte,
Et lui crie, en frappant aux volets : — Il est temps ! —
Sur quoi l'autre répond : — Je vais.. c'est bien.. j'entends..—

Sur la pointe des pieds, le dimanche alors gagne,
Sans personne éveiller, le haut de la montagne ;
Puis revient au village, en veloutant ses pas,
Pour dire au coq : — Ah çà ! toi, ne me trahis pas. —

Après un somme heureux, quand on vient à renaître,
On le voit au soleil guetter par la fenêtre,
Les yeux riants, le front teint de fraîches couleurs,
Et le chapeau garni de rubans et de fleurs.

Car c'est un bon enfant, qui comprend à merveille
Qu'on dorme, quand il vient, plus longtemps que la veille,
Et même qu'on se fasse accroire que la nuit
Dure encor quand déjà le grand soleil reluit.

Comme on sent l'aubépin ! comme en gouttes superbes
La rosée envahit les feuilles et les herbes,
Et comme partout va l'abeille se poser,
Sans savoir qu'aujourd'hui l'on doit se reposer.

Dans ce jardin, voyez, avec sa robe blanche,
Ce beau cerisier.. puis, au bout de chaque planche,
Toutes ces mille fleurs aux rejets si hardis..
Semble-t-il pas vraiment qu'on soit en paradis ?

Quelle tranquillité ! comme on se sent à l'aise !
Les charretiers n'ont plus de cri qui vous déplaise,
Plus de huhos grossiers ; et chacun, tour à tour,
S'aborde en répétant : — Comment va ?... quel beau jour !

Les linottes ont mis leur habit des dimanches,
Et les chardonnerets, en sentant sous les branches
Pénétrer la chaleur, disent : — Ah ! sacrebleu..
Le voilà de retour le soleil au ciel bleu !

La messe va sonner ; cours vite, Cunégonde,
Me cueillir une fleur où le duvet abonde ;
Va de tes tabliers mettre le plus coquet,
Et faire, si tu veux, pour toi-même un bouquet.

QUATRIÈME RÉCIT.

TOINETTE A LA JOUE MORDUE.

Par un beau dimanche après midi, trois jeunes filles étaient assises sous un cerisier en fleurs, à la bifurcation du chemin d'Ahldorf et de Mühringen, sur le bord d'un champ qu'on apelle le *Kirschenbusch*. Aux environs tout était tranquille. Pas une charrue ne remuait, pas une voiture ne faisait le moindre bruit. Aussi loin que le regard pouvait atteindre, planait silencieusement le repos du dimanche. Vis-à-vis, sur les hauteurs du *Daberwasen*, où se trouve encore l'église d'un ancien couvent, se faisait entendre la cloche, qui accompagnait, pour ainsi dire jusque chez eux, les fidèles de ses salutations retentissantes.

Au fond de la petite vallée de la *Combe*, fleurissaient les navettes jaunes au milieu des champs de blé verts; tandis qu'à droite, sur la hauteur, on n'apercevait du cimetière israélite que les quatre saules plantés aux quatre coins de l'éminence, et sous lesquels reposent cette grand'mère, cette mère et ces cinq enfants, brûlés tous ensemble dans le même incendie.

Un peu plus bas, dans les arbres en fleurs, surgissait un grand crucifix de bois, aux couleurs rouge-tuile et blanche.

De tous les bois *blancs* du pays, les hêtres du *Buchwald* étaient encore seuls à étaler leur feuillée splendide; tandis que de l'autre côté du chemin, la claire forêt de pins alignait, au milieu de la tranquillité la plus profonde, ses tiges droites, immobiles et orgueilleuses.

En haut, dans les nues, les alouettes s'égosillaient en ravissantes fanfares, auxquelles répondaient d'en bas les cailles tapies dans les sillons. Du reste, pas le moindre zéphyre. On eût dit que toute cette campagne fleurissait ainsi pour elle-même, car nulle part on n'apercevait d'homme avec sa pioche ou sa pelle sur l'épaule, nobles emblèmes de notre souveraineté sur la terre. Tout au plus voyait-on poindre de côté et d'autre quelque paysan solitaire ou bien accompagné de deux ou trois voisins, qui s'entretenaient de la belle venue de leurs semences. Ils étaient dans leurs plus beaux habits, et contemplaient avec bonheur ce travail silencieux de la nature, elle aussi, ce jour-là, en grande toilette du dimanche. Ces trois jeunes filles étaient donc là, tranquillement assises, à chanter leurs chansons, les mains croisées sur leurs tabliers blancs. Barbe faisait la première voix, Toinette et Brigitte l'accompagnaient avec un tact et une précision naturels. Leurs accents graves, traînants et plaintifs, retentissaient au loin; tant qu'elles chantaient, un chardonneret, perché sur une branche de cerisiers, sifflait à l'unisson; puis, aussitôt qu'elles arrivaient à la fin d'une strophe, ou qu'elles se mettaient à babiller entre elles, le chardonneret faisait silence. Ces jeunes filles chantaient :

— Mon doux trésor, ce que je te demande,
C'est de rester encore un an vers moi;
Que la dépense en soit petite ou grande,
N'importe, va, je payerai tout pour toi.

Tu payeras tout, ça n'empêche, mon ange,
Il faut toujours que je parte à-présent...
Nous voyageons dans un pays étrange,
Ah! souviens-toi de ton amour absent.

En arrivant sur la terre inconnue,
J'ouvre la porte, et tout à coup voilà
Mon trésor qui me fait la bien venue...
Mon doux trésor que faisais-tu donc là?

Sur les pommiers il n'est si rouge pomme,
Qui n'ait beaucoup de pépins noirs au cœur,
Comme en Autriche, il n'est fillette en somme
Qui n'ait en soi quelque projet trompeur.

Paff! un coup de fusil partit; les trois jeunes filles ressautèrent tout effrayées, et le chardonneret s'envola du cerisier. Alors les jeunes filles virent le piqueur de Mühringen s'élancer dans le champ de navette, précédé de son chien. Là, il ramassa un héron, qu'il leva en l'air, et auquel il arracha une plume pour la mettre à son chapeau; après quoi il cacha le héron dans sa gibecière et remit le fusil en bandoulière à son épaule. C'était véritablement un bel homme, et qui faisait plaisir à voir sortir ainsi de ce champ de verdure.

— Il aurait pourtant bien pu, dit Toinette, laisser encore vivre cette bête le dimanche!

— C'est vrai, dit Barbe, mais ces gens-là ne se piquent pas d'être de très bons chrétiens; ils ne savent que faire mettre en prison les pauvres paysans, quand ils les trouvent en délit dans les bois, ou bien tuer les bêtes innocentes. Ce vert valet du diable vient encore de faire condamner Catherine Blasi à quatre semaines de maison de correction. Je ne me marierais pas avec un piqueur, quand même on me donnerait... je ne sais pas quoi!

— La vieille Ursule m'a une fois raconté, reprit Brigitte, la plus jeune des trois, qu'un piqueur doit tous les jours mettre à mort quelque bête vivante...

— Oh! alors, il ne doit pas être embarrassé pour en trouver, répliqua Barbe en éclatant de rire, car... en cherchant bien... sur lui-même...

Cependant le garde s'approchait. Les trois jeunes filles se remirent spontanément à chanter, comme pour faire croire qu'elles n'avaient pas remarqué le nouvel arrivant. Malgré elles, cependant, elles ne chantaient plus qu'à demi-voix et n'articulèrent plus guère que pour elles-mêmes les derniers vers de la chanson:

> Quelque projet trompeur, de l'arrogance ....
> Bah! j'ai là trois plumes à mon chapeau:
> Puisque ma belle est à bout de constance,
> Je vais chez nous revenir aussitôt.

— Bonjour, mesdemoiselles ; pourquoi donc si bas, demanda le piqueur en s'arrêtant ?

Les trois jeunes filles se mirent d'abord à ricaner, en portant leur tablier devant leur bouche ; puis Barbe, prenant la parole, répondit :

— Grand merci! monsieur le piqueur ; nous ne chantons que pour nous, et nous nous entendons parfaitement, quand même nous chantons bas ; nous ne chantons pas pour les autres.

Br!.... reprit le chasseur, quelle langue affilée!...

— Affilée ou non, c'est bien égal : celui à qui cela ne conviendra pas n'a qu'à faire mieux, s'il peut, répliqua Barbe ; sur quoi Toinette la poussa du coude en lui disant à demi voix :

— Mais, ma chère, tu es grossière aujourd'hui comme de la paille de fèves !

— Oh! j'entends la plaisanterie, dit le chasseur, et sais faire bonne mine à mauvais jeu.

Cependant ces jeunes filles étaient là tout embarrassées, et recoururent enfin au pire moyen pour sortir de leur embarras. Elles se levèrent, se prirent bras dessus, bras dessous, et se mirent en route pour retourner chez elles.

— Me sera-t-il permis d'accompagner ces demoiselles, demanda aussitôt le piqueur ?

— Nous sommes ici sur la grande route, et la route est large, répondit Barbe.

Le piqueur eut un instant envie de planter là cette impertinente jeune fille; mais il se ravisa tout aussitôt en pensant combien il serait ridicule qu'il se laissât intimider pour si peu. Il comprenait parfaitement que c'était sur le même ton qu'il fallait répondre; le difficile était de savoir s'y prendre. Toinette, qui marchait à côté de lui, lui avait tellement donné dans l'œil, qu'il lui était devenu impossible de faire la moindre plaisanterie supportable. Cependant ce n'était pas sa coutume d'être si timide. Il laissa donc Barbe rire à son soul, tout en marchant après elle sans dire le mot.

A la fin, pour le remettre un peu à son aise, Toinette lui demanda :

— Où allez-vous donc ainsi le dimanche?

— Je vais à Horb, répondit le piqueur, et si ces demoiselles veulent m'y accompagner, je ne regarderai pas à leur payer une bonne chopine de vin.

— Grand merci, nous resterons ici, dit Toinette, en devenant de plus en plus rouge.

— Quand nous avons soif, continua Barbe, nous préférons le vin des oies; on nous le donne aussi gratis, celui-là.

Comme on approchait du village, Barbe dit tout à coup, en montrant un sentier :

— Tenez, monsieur le piqueur, vous pouvez prendre là, par-derrière; c'est le plus court chemin pour aller à Horb.

Le piqueur commençait à s'impatienter et avait déjà une verte réponse sur le bout des lèvres, mais il la retint et se contenta de dire :

— J'aime à voir toujours en face les honnêtes gens, aussi bien que les honnêtes villages; merci.

Cependant il ne put s'empêcher là-dessus de tourner le dos à son interlocutrice ; car c'est ainsi que vont les choses : ne pouvant venir à bout d'une plaisanterie, le piqueur tombait sans se l'avouer dans la grossièreté.

En entrant au village, il demanda à Toinette comment elle s'appelait; mais avant qu'elle eût eu le temps de répondre, Barbe s'était déjà écriée :

— Par son nom de baptême.

Et comme le piqueur demandait à celle-ci quel âge elle avait pour être si savante, il dut subir encore la banale réponse : J'ai l'âge de mon petit doigt.

Cependant Toinette lui chuchottait sous cape :

— Je m'appelle Toinette; pourquoi donc est-ce que vous me demandez cela ?

— Parce que je veux le savoir.

Tout en causant ainsi, l'on gravissait la montée le long de laquelle s'alignent sur deux rangs les maisons du village. Quand on fut en haut, devant chez Bastien Sauerbrünner, les trois jeunes filles s'arrêtèrent en chuchottant, puis tout à coup... pst ! les voilà parties, chacune de leur côté, comme trois colombes effarouchées, en laissant le chasseur là seul en plant. Celui-ci rappela son chien qui les poursuivait, appuya la main gauche sur la courroie de son fusil et abandonna également la place.

Vers la carrière, les jeunes filles firent halte pour s'attendre et se retourner.

— Tu es pourtant par trop malhonnête, dit Toinette à Barbe.

— Cela, c'est vrai, dit Brigitte.

— Il ne t'a jamais rien fait, continua Toinette, et pourtant tu t'es élancée sur lui comme un vrai dogue.

— Je ne lui ai rien fait non plus, répondit Barbe; je l'ai seulement un peu plaisanté. Pourquoi, l'imbécile qu'il est, n'a-t-il pas su se défendre? D'ailleurs, que vient-il chercher ici, cet habit-vert? Croit-il donc que parce qu'il est piqueur du baron de Mühringen, il doit lui être permis de courir ainsi avec nous tout le village, de manière à faire croire que nous attendons quelque chose de lui? Qu'est-ce que vont penser de tout cela Joseph et Gaspard? Non, non, je ne suis pas si poltronne que toi; je ne veux recevoir d'ordre d'aucun comte ni d'aucun baron.

Le dialogue fut interrompu par l'arrivée de Joseph et de Gaspard, qui étaient allés chercher leurs fiancées au *Kirschenbusch*, et ne les avaient pas trouvées. Barbe se mit à raconter l'histoire tout au long. Impossible à qui que ce fût de placer un mot pendant qu'elle parlait. Il lui vint alors une foule de plaisanteries sur les lèvres, auxquelles elle donna place dans son récit sans le moindre scrupule. Il n'est pas rare du tout, même auprès bon nombre d'hommes, que quand on raconte ainsi quelque chose de soi, on ait grand soin de la présenter sous un jour beaucoup plus avantageux qu'elle ne le mérite. On prétend avoir dit ou fait telle et telle chose, pour laquelle néanmoins le courage nous a manqué au moment décisif, ou dont l'idée même ne nous est venue que beaucoup plus tard.

Joseph donna complétement raison à Barbe, et ajouta même que toute cette clique de messieurs n'était bonne qu'à être déchirée à belles dents. Bien que le piqueur ne fût rien moins qu'un monsieur, on le maintint cependant pour tel, afin de pouvoir le malmener plus librement.

Joseph prit enfin le bras de sa Toinette; Brigitte s'empara de l'autre; Gaspard et Barbe les suivirent, et l'on gagna ainsi, par la charrière, la lande de l'Hochbux.

Joseph et Toinette faisaient un admirable pair : tous deux à peu près également grands et sveltes, tous deux doublement beaux quand ils marchaient côte à côte. Chacun d'eux à part était déjà charmant; une fois l'un près de l'autre, ils le devenaient encore à un tel point, qu'on les eût certainement reconnus entre mille, et qu'on n'eût pu s'empêcher de s'écrier : Ces deux là doivent aller ensemble !

Joseph était mis ce jour là moitié à la paysanne et moitié à la militaire, la courte veste flottante des paysans faisait encore mieux ressortir la belle proportion de ses membres, sous son pantalon collant. Il avait l'air d'un officier qui s'est mis à l'aise, si svelte, si ferme, et pourtant si souple et dégagée était toute sa personne.

Arrivés à l'Hochbux, ils aperçurent au loin le piqueur, en société du garde-forestier de Nordstetten. Joseph remarqua même que le piqueur s'occupait d'eux; aussi se trémoussa-t-il en toussottant, comme s'il avait eu quelque verte réponse à renvoyer à ce *monsieur*, bien qu'ils fussent encore éloignés de plus de deux cents pas. Tout à coup il prit Toinette par la nuque et lui appliqua un gros baiser sur la joue, façon de parler que le piqueur devait parfaitement comprendre, malgré la distance. Là-dessus, il continua à marcher en sifflant et en se dandinant d'un air moqueur et satisfait. S'il avait su de quoi il s'agissait entre le piqueur et le garde, il se fût encore rebiffé, certes, d'une bien autre manière, car le piqueur disait :

— Tenez, la voilà justement; on dirait qu'elle est de cire, tant elle ressemble à la madone de l'église. J'ai beau chercher dans ma mémoire, je n'ai pas encore vu, de ma vie, une fille comme celle-là...

— Oui, oui, c'est comme je vous l'ai dit avant de la voir, reprenait le garde; c'est Toinette, la fille du *Frisé*. On appelle son père le Frisé, parce qu'il a la tête comme un mouton. Toinette a aussi, elle, des cheveux blonds et frisés, ce qui fait qu'on l'appelle dans tout le village la *Pomme-de-Borsdorf*, à cause de ses joues si rouges. Le vieux curé, qui n'était pas bête, voulait l'avoir pour cuisinière; mais le Frisé l'a envoyé promener avec un grand merci. Un jour Toinette aura ses cinq journaux de terre au même tenant, sans compter le reste..

Le piqueur serra la main au garde et se mit à descendre la côte au galop, sans que les promeneurs y fissent attention.

Notre troupe joyeuse passa son après-midi sur le bord d'un champ, partagée entre les chants, les jeux, et les embrassades. Pour Brigitte, elle était là tout à fait mal à l'aise, car son amoureux à elle était à Heilbronn, chez les soldats. Qui sait même où il pouvait se trouver dans ce moment, pendant que sa fiancée, un peu à l'écart et le visage enflammé, tourmentait dans ses doigts une pauvre fleur en pensant à lui? Quand revint le soir, Brigitte fut obligée de rajuster un peu ses deux amies. Son mouchoir, à elle, était resté en très bon ordre, tandis que les leurs étaient tout froissés et chiffonés, aussi bien que leur chevelure; ce qu'elle ne manqua pas de leur bien faire observer, avec accompagnement d'indulgents reproches. Bientôt l'on revint se promener sur la route. Là, tous les garçons et toutes les jeunes filles se réunissaient, après quoi chaque sexe faisait bande à part.

A l'occident, ou plutôt *sur le Rhin,* comme on dit chez nous, le soleil tout en feu allait disparaître, promettant un beau jour pour le lendemain. Les garçons, formant une grande ligne, mais toujours seul à seul, reprirent la direction du village, en chantant ou sifflant quelques morceaux à quatre voix.

Une trentaine de pas derrière eux, venaient les jeunes filles, bras dessus, bras dessous, formant également une grande ligne d'un côté à l'autre de la route, et chantant sans interruption. Dès qu'une chanson était finie, vite l'une d'entre elles en recommençait une autre, que toute la bande accompagnait sans hésiter et sans plus de façons.

Toinette, qui était du côté gauche, avait à son bras droit Marianne Brœtschlé, qu'on appelait ordinairement la *Flambomarianne*. C'était une malheureuse créature qui avait toute la partie gauche du visage bleue, du haut en bas, comme si le sang eût été là coagulé sous la peau. Au moment de ce grand incendie d'il y a dix-huit ans, dans lequel sept malheureuses restèrent, la mère de Marianne, qui était alors enceinte, accourut en toute hâte. En apercevant le feu, elle porta, toute tremblante, la main à son visage. Or, quand son enfant vint au monde, il avait tout un côté de la figure bleu, comme si la foudre y eût passé. En présence de Marianne, Toinette éprouvait toujours une insurmontable terreur, sans avoir pourtant le courage de se retirer quand elle venait prendre son bras. Elle marchait donc ainsi en tremblant intérieurement à côté d'elle, ne trouvant rien de mieux que de chanter un peu plus fort, pour rester plus facilement maîtresse d'elle-même.

Devant chez le *seigneur*, le piqueur, déjà revenu d'Horb, rencontra les jeunes filles. En apercevant Toinette, il devint tout rouge, ôta un instant son fusil de son épaule, par manière de contenance, et l'y remit aussitôt après, en disant, les yeux tournés vers Toinette :

— Bonsoir, mesdemoiselles !

— Bonsoir.... répondirent quelques-unes, pendant que le piqueur demandait à demi-voix à Toinette :

— Me sera-t-il permis de vous accompagner.... maintenant ?

— Non, non ; il ne convient pas que vous veniez avec nous par le village ; faites-moi le plaisir, je vous en prie, d'aller en avant avec les garçons, lui répondit Toinette également à demi-voix.

Le piqueur fut enchanté de cette réponse, et salua poliment en passant outre.

Devant l'auberge de l'*Aigle,* chacun fit halte. La cloche du soir sonnait. Tous les jeunes gens mirent bas leur bonnet et dirent un *Pater ;* autant en firent les jeunes filles, et chacun se signait à mesure qu'il avait fini. Bientôt après les causeries reprirent leur cours.

— Bonne nuit, tout le monde, dit le piqueur en continuant sa route.

Dès qu'il fut loin, les jeunes filles commencèrent à taquiner Toinette à son sujet, et sur ce qu'elle lui avait parlé à voix basse.

Joseph, en entendant cela, se leva tout à coup, tourmentant fébrilement dans sa main la pipe, qu'il allait porter à sa bouche ; son poing gauche se crispa. Il ne dit pourtant pas le mot ; mais de ses yeux, attachés sur Toinette, jaillissaient de terribles éclairs. Néanmoins, il continua bientôt à se balancer sur ses

6 *

jambes, comme si de rien n'était, se contentant seulement de détourner la tête.

Le soir, quand on se sépara, Joseph reconduisit Toinette. Il chemina un instant silencieux à côté d'elle, puis enfin il lui dit :

— Qu'est-ce que tu as donc à faire avec ce piqueur?

— Rien.

— Qu'est-ce que tu lui as dit ?

— Ce qu'on dit en pareille occasion...

— Mais moi, j'entends que tu ne lui dises pas le plus petit mot !

— Et moi, je prétends n'avoir pas à recevoir d'ordres de toi sur ceux à qui je dois parler.

— Tu n'es qu'une orgueilleuse et fausse créature.

— Prends-le comme cela si tu veux ; je n'y trouverai pas à redire.

Ils continuèrent à marcher sans plus dire le mot. Arrivés devant chez elle, Toinette dit : — Bonne nuit... Mais Joseph ne répondit rien, et la laissa entrer. Cependant il resta encore debout devant la maison pendant toute la soirée, sifflant et chantant toutes sortes d'airs, toujours dans l'espoir que Toinette reviendrait encore un moment vers lui ; mais elle n'en fit rien, et il alla se coucher, en proie à la plus violente colère.

Pendant toute la semaine, Joseph ne dit pas le mot à Toinette ; il l'évita même toutes les fois qu'il la rencontra.

Le samedi après-midi, il alla avec ses chevaux chercher, au *Würmlesthal*, du trèfle pour le dimanche.

Au retour, il aperçut Barbe, qui revenait du *Veigelsthal*, avec une lourde charge de trèfle sur la tête. Il s'arrêta et appela Barbe, en l'invitant à mettre sa charge sur sa voiture et à venir elle-même s'asseoir à côté de lui. Une fois bien installés sur cette voiture, on en vint aux sérieuses explications. Barbe tança si fort Joseph au chapitre de sa jalousie, que le soir même celui-ci alla vers le fontaine de la commune attendre que Toinette vînt y chercher de l'eau, et s'empressa de lui mettre sa seille ([1]) sur la tête; après quoi il s'en retourna avec elle en lui demandant :

— Qu'est-ce que tu as donc fait depuis huit jours ? Pour moi, j'ai été bien occupé...

— Oui, et tu te donnes encore bien plus... à faire, pour rien, absolument pour rien ! Vraiment, tu es un homme intraitable. Reconnais-tu au moins à présent combien tu as eu tort ?

— Mais enfin, tu ne dois plus dire un mot au piqueur....

— Aussi souvent que cela me conviendra, répondit Toinette; je ne suis plus une enfant, et je dois savoir ce que j'ai à faire.

— Mais puisque tu n'as rien à démêler avec lui, tu ne dois plus lui parler...

— Non, je ne le dois pas ; mais je ne veux pas me laisser attacher si court par le cou.

Somme toute, on fit la paix, et il ne survint plus de difficultés, d'autant mieux que le piqueur resta longtemps sans reparaître à Nordstetten.

([1]) Seau qui se porte sur la tête.

Toinette continua à aller très souvent avec ses camarades, voire même avec Joseph, chanter et folâtrer, le dimanche, au *Kirschenbusch*. Les cerises sauvages (car il n'y en a pas d'autres chez nous) étaient depuis longtemps mûres, les navettes rentrées, les seigles et les orges fauchés. Dans la vie paisible de nos personnages, tout avait retrouvé son calme d'autrefois. L'amour entre Joseph et Toinette avait encore grandi, si tant est que la chose fût possible. En automne, Joseph devait retourner pour la dernière fois à la manœuvre militaire; puis venait le congé, ensuite la noce. Depuis ce fameux dimanche de printemps dont nous avons parlé en commençant, Toinette n'avait pas revu le piqueur. Un jour qu'elle fauchait l'avoine avec Joseph, au champ du *Moldé*, voilà que le chasseur vint à passer tout à coup en demandant :

— Se coupe-t-elle bien ?

Toinette tressaillit involontairement, sans rien répondre, et en se baissant même pour faucher avec une ardeur fébrile, pendant que Joseph répondait : Grand merci! en mettant le genou sur une gerbe, et en la serrant avec autant d'emportement que si le cou du piqueur se fût trouvé au milieu. Le piqueur continua sa route.

Fort heureusement, que trois jours après la noce de Barbe, Joseph allait se trouver obligé de retourner avec Gaspard à la manœuvre, car il s'était promis, à cause de cela, de toujours bien se comporter, et tint fidèlement parole.

Dans presque toutes les maisons où Joseph allait avec Gaspard faire les invitations à la noce, chacun leur disait :

— Ah ! Joseph, ton tour va bientôt venir, maintenant ; et lui, pour toute réponse, souriait affirmativement.

Le jour de la noce de Gaspard, Joseph était heureux comme un oiseau dans le chenevis : il jouissait déjà par anticipation de son prochain bonheur. Quand le bal commença, il monta sur l'estrade auprès des musiciens et les assura pour sa propre noce, avec deux trompettes de plus. En sa qualité de garde-du-corps, il voulait beaucoup de trompettes.

Mais le soir, une apparition subite dérangea un peu ses comptes. Le piqueur vint aussi danser, et la première danseuse qu'il invita... ce fut Toinette.

— Elle est déjà engagée, répondit brusquement Joseph.

— Mais il me semble que mademoiselle est assez forte pour répondre elle-même, répliqua le piqueur.

— Oui, nous danserons la prochaine ensemble, dit Toinette en prenant Joseph par la main. Toutefois elle ne put s'empêcher de regarder encore une fois le piqueur avant de se mettre en train.

Quand vint le tour de celui-ci, Joseph alla s'asseoir à table, en se promettant bien que ni lui ni Toinette ne feraient plus le moindre tour de toute la soirée. En ce moment, Barbe, envoyée par son amie, vint inviter le bouderu. A la mariée, il est impossible de répondre par un refus. Il se mit donc à suivre

Barbe qui l'entraînait, et qui recommença à le sermoner sur sa conduite étrange.

— Mais décidément ce piqueur te fera donc perdre la tête? C'est pourtant bien ta faute si Toinette lui fait bon accueil. Il y a déjà bien longtemps qu'elle ne penserait plus à lui, si, en la tourmentant continuellement à son occasion, tu ne l'obligeais pas d'y repenser toujours; ce qui fait qu'à force de se demander si vraiment elle trouve le piqueur de son goût, le piqueur pourrait bien finir par lui plaire tout à fait. Tiens, vois d'ailleurs s'il ne danse pas mieux que toi, et si tu pourrais jamais mener une sauteuse aussi joliment qu'il le fait là?

Joseph se mit à rire dédaigneusement. Cependant à part lui, il ne put s'empêcher de donner raison à sa malicieuse et sage interlocutrice. Aussi, quand il se retrouva à table auprès de son amie, porta-t-il (comme pour lui faire raison) une santé au piqueur, tout en faisant de l'œil et disant à Toinette :

— Voyons, trinque donc avec lui.

Le piqueur but avec un salut des plus polis à la santé de Toinette, mais fit à peine attention à Joseph. Néanmoins celui-ci se promit bien de ne plus bouder de tout le jour, se félicita au contraire de son habile procédé à l'égard du piqueur, et finit même par étreindre fort amoureusement sa Toinette dans ses bras. En ce moment il fut rappelé à lui par le *bouquet* de la fête nuptiale.

D'après un vieil usage, les célibataires réunis avaient enlevé la mariée et la retenaient prisonnière dans un grand cercle. Gaspard, le marié, devait la racheter de sa captivité avec force burlesques pourparlers. Six bouteilles de vin alibérèrent la prisonnière, et les deux jeunes époux, rendus l'un à l'autre, purent enfin se retirer ensemble. Alors les musiciens se mirent aux fenêtres toutes grandes ouvertes, et leur jouèrent la marche accoutumée, avec accompagnement de nombreux vivats partis de l'intérieur. Toinette était encore toute pensive à la fenêtre, que Barbe avait depuis longtemps disparu, et que chacun s'était remis à danser.

Il était déjà bien tard dans la nuit, ou plutôt il était encore bien grand matin, quand Joseph reconduisit Toinette. Arrivés devant la porte, ils s'arrêtèrent encore assez longtemps pour jouir de leur solitude, et Toinette appuya sa joue brûlante contre celle de Joseph, en l'étreignant avec une sorte d'emportement. Joseph était lui-même passablement ému. Cependant cela ne put pas l'empêcher de reparler encore une fois du piqueur...

— Ah! je t'en prie, laisse donc tranquille ce piqueur, soupira Toinette; ne vois-tu pas assez que, pour moi, tu es à présent seul au monde?

Joseph souleva Toinette dans les airs, puis il colla, en l'étreignant de nouveau, sa bouche sur sa joue, et s'écria :

— Tiens, vois-tu, je te mordrais bien!

— Mords! dit Toinette.

— Ahi! Joseph avait réellement mordu. Le sang jaillit de la joue de Toinette et se mit à ruisseler jusque sur son cou. Toinette, tout épouvantée, porta la main à son visage et sentit l'empreinte de toutes les dents. Alors elle repoussa si violemment Joseph, que celui-ci tomba en arrière; puis elle commença à crier et à hurler si fort, qu'elle réveilla toute la maison. Joseph se releva et voulut essayer de l'apaiser; mais elle le repoussa de nouveau en jetant des cris toujours plus perçants. Cependant, comme on commençait à entendre du bruit dans la maison, Joseph prit la fuite, persuadé que la chose n'avait rien de grave. D'ailleurs, il voulait s'épargner à lui et à Toinette un instant d'embarras, et espérait que celle-ci trouverait facilement une défaite à donner au monde, si l'on accourait à ses cris.

Le père et la mère de Toinette vinrent avec une chandelle, et joignirent les mains de stupeur en voyant ainsi leur fille couverte de sang. Aussitôt on envoya chercher la vieille Ursule, qui avait à sa disposition toutes sortes de petits remèdes. Cette vieille femme dit tout net, en arrivant, que cela pourrait bien donner un cancer, si celui qui avait fait la blessure ne venait pas la lécher avec sa langue. Mais Toinette protesta ses grands dieux qu'elle aimait mieux mourir que de se jamais laisser retoucher par Joseph. On eut alors recours à une foule d'autres remèdes. Toinette gémissait comme une mourante qui va rendre l'âme.

Le lendemain, l'aventure courait déjà le village. On affirmait que Joseph avait arraché à belle dents de la joue de Toinette, tout un morceau de chair,

Chacun accourut sous le prétexte de consoler Toinette, mais avant tout pour satisfaire sa curiosité. Joseph essaya de venir comme les autres. Toinette, en l'apercevant, cria comme une possédée, lui enjoignant de sortir à l'instant même de la maison, et de n'y jamais rentrer. Larmes et prières, tout fut inutile. Toinette, toujours en délire, persista à réclamer l'expulsion de Joseph. Alors celui-ci s'en alla chez Barbe, la prier d'essayer d'obtenir encore cependant pour lui quelque bonne parole. Il trouva la jeune femme précisément occupée à ranger ses cadeaux de noce. Toute la batterie de cuisine et des meubles de toutes sortes étaient encore là autour d'elle, dans le plus indéchiffrable désordre.

Barbe commença, il est vrai, par l'habiller du haut en bas comme il le méritait; ce qui ne l'empêcha pas de tout quitter à l'instant même pour se rendre chez Toinette. Celle-ci, en voyant son amie, lui sauta au cou en s'écriant :

— Ah ! me voilà défigurée pour toute ma vie !.....
Après de longs propos, elle se leva enfin du lit, vint pour la première fois devant le miroir, contempla l'affreux ravage et s'écria :

— Maria ! Joseph ! me voilà faite à présent comme la Flambomarianne. Mon Dieu ! si je me suis rendue coupable envers elle, m'en voilà certes bien punie !

Sous aucun prétexte elle ne voulut revoir Joseph, qui partit trois jours après pour Stuttgardt, avec un petit paquet sous le bras.

Toinette ne sortit pour la première fois de la maison que quinze jours après, mais la joue toujours bandée. Chose étonnante! la première personne qu'elle rencontra en allant au champ de pommes-de-terre, avec sa pioche sur l'épaule.... ce fut le piqueur.

— Comment vous va, belle Toinette? demanda affectueusement celui-ci à la malade. Toinette se sentit prête à défaillir de honte, tant elle trouvait inconvenant qu'on l'appelât ainsi par son nom, et encore avec la qualification de belle. Tout ceci lui fit encore mieux comprendre combien elle était mal lotie. Comme elle gémissait donc sans répondre, le piqueur continua :

— J'ai déjà appris ce qui vous est arrivé. Ne pourrait-on pas le voir?

Toinette défit timidement son mouchoir, et le piqueur stupéfié s'écria involontairement :

— Mais c'est impardonnable et féroce, que d'arranger ainsi une honnête fille comme vous! Voilà encore bien un tour de ces grossiers paysans. Pardon! Si je parle ainsi, je ne fais certes pas allusion à vous; mais c'est que souvent les hommes deviennent à moitié brutes. Après tout, il n'y a pas là de quoi bien vous tourmenter.

Toinette ne comprit guère de tout ceci que la compassion du piqueur, et lui demanda :

— N'est-il pas vrai que je suis bien défigurée?

— Pour moi, cela ne fait rien du tout, reprit le piqueur. Quand même vous n'auriez plus qu'une seule joue, je vous préférerais encore à toutes les autres filles, depuis Nordstetten jusqu'à Paris.

— Oh! ce n'est pas bien de se moquer ainsi, dit Toinette en souriant douloureusement.

— Non, je ne me moque pas, reprit le piqueur en s'emparant de la main de la jeune fille... Tenez, la preuve, c'est que je suis prêt à vous épouser quand même, aussi vrai que c'est de Dieu que je tiens ma vie.

— Voilà une coupable parole, dit Toinette.

— Je ne trouve rien là de coupable, si vous voulez que nous devenions époux, reprit le piqueur.

— Si vous désiriez que nous restions bons amis, ne me parlez plus de cela, dit Toinette; et elle gagna son champ.

Le piqueur était déjà enchanté qu'on voulût bien l'accueillir pour *bon ami*, et se promit bien d'en profiter. Dès ce moment, il vint presque toutes les semaines deux fois à Nordstetten. Il commençait par s'entretenir avec le *Frisé*, père de Toinette, du voiturage du bois, qui allait revenir avec l'automne; puis il en arrivait bientôt par-là à adresser la parole à Toinette toujours un peu plus souvent. Il ne disait plus mot de mariage; mais il eût fallu être tout à fait idiot pour ne pas remarquer comme il tournait continuellement autour de ce point là.

Le pauvre diable était au plus mal avec Barbe, sans laquelle il ne pouvait cependant rien auprès de Toinette. D'abord il ne mit, dans ses entrevues avec elle, que bonté et affable plaisanterie; mais Barbe n'entendait plus aucune plaisanterie, et parlait continuellement de Joseph tant que le piqueur était là. Bientôt il survint à celui-ci une bonne fortune, telle qu'il lui était impossible de rien désirer de mieux. Toinette avait à Mühringen une riche cousine qui devait se marier dans quelques jours. Aussi vint-elle danser à Mühringen trois jours de suite. La sœur du piqueur lia aussitôt amitié avec elle. Les deux jeunes filles allèrent ensemble se promener à travers champs, et au bal, restèrent toujours l'une auprès de l'autre. Toinette se montra là pour la première fois sans mentonnière, et l'on peut presque dire que sa morsure l'embellissait encore. Quelques peuples sauvages et superstitieux mutilent ce qu'ils ont de complétement beau, pour le soustraire aux maléfices et tranquilliser le diable, qui ne souffre rien de parfait. La morsure de Toinette fournissait du moins au démon de l'envie, qui ne loue jamais rien sans restriction, l'occasion de placer son inévitable : — Mais !

Le piqueur ne quitta pas Toinette tant que dura le bal ; puis, le soir venu, il lui fit une surprise comme pas une fille n'en avait encore eue dans tout Nordstetten.

Le vieux baron, un gros bon vivant, tout regardant et impitoyable qu'il était envers les paysans qu'il surprenait à ramasser du bois mort dans ses forêts, ne s'en montrait pas moins très splendide pour un petit théâtre qu'il entretenait au château, et dont il faisait les honneurs aux gens comme il faut de la localité.

Le piqueur avait obtenu la permission d'y mener Toinette. Celle-ci se mit à trembler si fort que ses dents en claquaient, tout en montant avec le piqueur la montagne sur laquelle est assis ce château moyen âge, avec ses ponts-levis, ses remparts et ses fossés. C'est plus morte que vive, et sur la pointe des pieds, qu'elle entra dans la salle où toute la compagnie se trouvait déjà rassemblée, et qu'elle alla se placer derrière l'orchestre. La femme du grand-prévôt braqua aussitôt sur elle sa lorgnette. Toinette s'en aperçut, baissa les yeux et n'osa presque plus respirer. La cicatrice de sa joue brûlait comme si les regards de cette dame eussent rouvert sa blessure tout au large. Mais tout à coup la musique se tut et le rideau se leva. Toinette se mit à écouter en retenant son souffle. Bien des larmes amères coulèrent de ses yeux sur le destin de la pauvre et bonne petite Lorence (car c'était cette pièce-là que l'on jouait). Elle n'eût pas été aussi patiente, bien certainement, si elle se fût trouvée à sa place. Aussi, quand retomba le rideau, un profond soupir s'échappa-t-il de sa poitrine.

Au retour, le piqueur passa doucement son bras autour du cou de Toinette, qui se pencha d'elle-même familièrement contre lui ; elle était dans le ravissement. Il lui semblait que tout ce qu'elle venait de voir, c'était le piqueur qui le lui avait donné, et même lui qui l'avait fait. Cependant elle aurait bien voulu revoir encore une fois ce bon vieillard de la pièce et sa chère fille, qui devaient être heureux maintenant l'un auprès de l'autre.

Le piqueur, lui aussi, fut dans le ravissement, quand Toinette lui promit que le prochain dimanche ils iraient, après vêpres, se promener ensemble au *Buchwald*.

On doit comprendre que le piqueur se trouvait plus heureux dans ses manœuvres que Joseph dans les siennes, à cheval, au milieu de la plaine de Ludwigsbourg ([1]); que Joseph, dis-je, qui en était encore à attendre son congé militaire, quand déjà Toinette lui avait signifié le sien.

La première visite de Joseph, à son retour, fut cependant pour Toinette. Il la trouva à sa quenouille, dans la chambre, auprès de ses parents; mais elle ne lui dit pas le mot, et le regarda tout au plus deux ou trois fois fixement. Il tira de sa poche un congé tout flatteur et l'étendit sur la table, après avoir soufflé préalablement la poussière qui s'y trouvait; mais Toinette ne se leva pas pour venir le contempler de près. Il réenveloppa donc le congé dans une double feuille de papier, et s'en alla chez Barbe, en portant délicatement à la main son précieux document.

Là, il apprit tout, voire même que les deux amies s'étaient brouillées à cause du piqueur. A cette nouvelle, Joseph froissa en boule son congé dans ses deux mains, et sortit.

Le jour baissait. Joseph était venu s'asseoir sous le même cerisier du *Kirschenbusch* où nous avons

([1]) C'est dans cette ville que se trouve l'école militaire du Wurtemberg.

d'abord rencontré Toinette. Le cerisier était défeuillé. Le vent sifflait sur les chaumes de la plaine et rugissait comme un torrent dans les pins de la forêt voisine. L'*Angelus* se mit à sonner au *Daberwasen,* puis un corbeau attardé regagna le bois en croassant ; mais Joseph n'entendait rien de tout cela. Il était là assis, les coudes sur les genoux et les mains sur les yeux. Il resta longtemps dans cette posture. Tout à coup il entendit les aboiements d'un chien et les pas de quelqu'un qui approchait...

Joseph se releva brusquement. C'était le piqueur qui revenait du village. Joseph vit briller le canon d'un fusil ; puis il distingua un tablier blanc et supposa, non sans raison, que Toinette avait fait la reconduite au piqueur. Ils s'arrêtèrent un instant, puis Toinette s'en retourna seule.

Lorsque le piqueur fut arrivé près de lui, Joseph lui dit d'un ton arrogant :

— Bonsoir !

— Bonsoir ! répondit le piqueur.

— Dites donc, hé ! attendez donc un peu ! nous avons encore un poulet à plumer ensemble... continua Joseph.

— Tiens ! c'est Joseph. Et depuis quand de retour ?

— Depuis trop tôt pour toi, mon cher !... Mais tiens, ça va ne pas être long. Nous allons tirer à la courte-paille lequel de nous deux doit abandonner Toinette à l'autre. Si je perds, je ne réclame pour moi que ce fusil...

— Moi!... je ne tire pas à la courte-paille.

— Alors je serai donc obligé de te tirer l'âme du corps, chenapan d'habit-vert! s'écria Joseph en s'élançant sur le piqueur, une main à la gorge et l'autre sur le fusil.

— Waldman! à moi! cria le piqueur d'une voix déjà toute strangulée ; mais Joseph donna au chien un vigoureux coup de pied, pendant cet instant le piqueur se dégagea quelque peu. Ils luttaient ainsi de toutes leurs forces pour ce malheureux fusil, en se tenant par la gorge, quand tout à coup l'arme partit, et le piqueur tomba à la renverse dans le fossé. A peine fit-il entendre un dernier soupir. Joseph, penché sur lui, écoutait encore s'il respirait toujours, quand Toinette arriva hors d'haleine. Elle avait entendu la détonation, et par une nuit déjà si sombre, cela ne lui présageait rien de bon.

— Oui! viens; il est là couché, vois-tu, ton piqueur, s'écria Joseph. Marie-toi avec lui, maintenant! Toinette demeura là, pétrifiée, et sans pouvoir faire un pas de plus. Enfin elle s'écria :

— Joseph! Joseph! tu viens de faire notre malheur à tous deux...

— Que m'importe, à moi; je ne demande plus rien de rien, répondit Joseph en s'enfuyant vers la forêt. Depuis, on n'a jamais entendu reparler de lui.

Sur le chemin de Mühringen, au *Kirschenbusch*, on trouve encore au bord du champ une croix de pierre, destinée à rappeler éternellement que c'est là qu'a été tué le piqueur de Mühringen.

Quant à Toinette, elle ne fut débarrassée du fardeau de l'existence qu'après bien des années de solitaire douleur.

LE CRI DU GUET.

(Traduit de Hébel.)

Écoutez bien ceci, braves gens de la ville :
Dix heures vont sonner à la Maison-de-ville.
Faites votre prière et mettez-vous au lit ;
Jusqu'à demain matin que nul ne se réveille ;
Il est un œil là-haut qui toute la nuit veille,
Et qui toujours au fond des consciences lit.

Écoutez bien ceci, braves gens de la ville :
Onze heures vont sonner à la Maison-de-ville.
Le tapage nocturne à tout le monde nuit,
C'est pourquoi je répète au menuisier qui tâche,
Malgré l'heure qu'il est, de terminer sa tâche...
— Vous finirez demain, couchez-vous, bonne nuit. —

Écoutez bien ceci, braves gens de la ville :
Douze heures vont sonner à la Maison-de-ville.
Hélas! s'il est encor une âme à quelque endroit,
Une pauvre âme qui languisse et se désole,
Qu'elle ait recours à Dieu, car toujours il console
Tous ceux qui vont à lui le cœur flétri, mais droit.

Écoutez bien ceci, braves gens de la ville :
Une heure va sonner à la maison-de-ville.
S'il est quelque brigand, par le diable incité,

Qui s'efforce d'ouvrir soit porte, soit fenêtre ;
(J'espère bien que non ! mais cela pourrait être...)
Qu'il se sauve, car Dieu voit dans l'obscurité.

Écoutez bien ceci, braves gens de la ville :
Deux heures vont sonner à la Maison-de-ville.
S'il est un pauvre diable, hélas ! prêt à mourir,
Et pour qui la mort soit comme une délivrance,
Qu'il fasse encor de Dieu sa dernière espérance...
Je le plains ! car vraiment à quoi bon tant souffrir ?

Écoutez bien ceci, braves gens de la ville :
Trois heures vont sonner à la Maison-de-ville :
Oh ! pour le coup, voilà le jour à l'orient...
Que l'ouvrier s'éveille et se mette à l'ouvrage...
S'il est levé joyeux, qu'il prenne bon courage,
Car son front restera tout le jour souriant.

LA FEMME DU MARCHÉ.

(Traduit de Hébel.)

Je viens de chez monsieur le conseiller ; tout brille,
C'est vrai, chez ces messieurs ; pourtant on y sourcille
D'ennui tout comme ailleurs ; — *au poisson ! au poisson !* —
Partout, en fait d'ennui, c'est la même chanson.

A la ville, on dirait que tout est à merveille,
Tant, de ces beaux messieurs, le ton nous émerveille ;
Et pourtant bien souvent, — *aux poulets ! aux poulets !* —
Combien de lourds chagrins dans les plus beaux palais !

Ici l'on ne doit pas être au mieux, je suppose,
Pour travailler; chez nous, ma foi, c'est autre chose,
On a le soleil, l'air, les fleurs, — *au miel! au miel!* —
Et les étoiles d'or la nuit tout plein le ciel.

Et dès le point du jour, dans nos prés remplis d'herbe
Et de parfums si doux, cela devient superbe;
Si bien que l'on croirait, — *aux radis! aux radis!* —
Si bien que l'on croirait qu'on est en paradis.

Tous les petits oiseaux pensent aussi de même,
Car dès l'aurore ils sont dans une joie extrême
Sous les arbres en fleurs; — *aux oignons! aux oignons!* —
Comment se plaindre avec de pareils compagnons?

Et l'on prend bon courage, et l'on se dit encore:
C'est tout de même heureux que Dieu fasse une aurore,
Car il pourrait l'omettre, — *aux œufs frais! aux œufs frais!* —
Sans que nous ayons droit de murmurer après.

Ici que de volets fermés et de fenêtres
Dont les rideaux épais se croisent sur leurs maîtres;
Ici tout dort encor, — *aux citrons! aux citrons!*
Tandis que dès longtemps nous autres nous courons.

Ils sentent bien cela, ces gens; à la campagne
Aussi pendant l'été, suivis de leur compagne,
Viennent-ils s'égayer; *aux choux blancs! aux choux blancs!* —
Et nos vins durs alors leur semblent excellents.

Ils se donnent, ces gens, des mines d'importance,
Et nous tiennent toujours à trois pas de distance;
Et cependant mon homme, — *au cresson! au cresson!* —
Mon homme en vaut bien quatre au moins de leur façon.

S'ils sont riches, pardine! est-ce qu'on le demande?
Pour leur argent leur bourse est à peine assez grande.
Un kreutzer, j'en suis chiche, — *aux cassis! aux cassis!* —
Eux ne parlent que d'or, car ils en sont farcis.

A table, tous les jours, vraiment on les régale
A *bouche que veux-tu ?* de plats que rien n'égale,
Gibier, poissons, pâtés, — *haricots! haricots!* —
Leur table est à l'étroit pour tous ces bons fricots.

Et leur habillement, il faut voir quelle mise !....
Comment tant de richesse est-elle donc permise ?
S'ils voulaient échanger, — *au cresson! au cresson!* —
Je leur céderais bien mes nippes, sans façon.

Pourtant, quand on n'a pas l'âme bien satisfaite,
A quoi bon tous ces plats et ces habits de fête ;
Ce n'est pas la richesse, — *au cerfeuil! au cerfeuil!* —
Qui fait faire à la chose un plus riant accueil.

Quand on est pauvre, hélas! du moins on se console
En se disant : je n'ai pas peur que l'on me vole ;
De bien peu vit le pauvre, — *au cumin! au cumin!* —
Et nous allons pourtant notre petit chemin.

Pensons un peu qu'au bout viendra la fin finale.
Après toutes les nuits luit l'aube matinale,
Et du ciel Dieu voit tout : — *au persil! au persil!* —
Prenons par la ruelle à droite que voici.....

CINQUIÈME RÉCIT.

LE BUCHMAYER.

§. 1.

Le premier Mai au matin, la maison de Michel Wagner se trouva ornée d'un superbe mai qu'on avait planté devant la façade. C'était un sapin svelte et magnifique, dépouillé de ses branches, et auquel on n'avait laissé que la couronne. Il planait au loin sur toutes les maisons du village, et si le clocher n'eût pas été bâti sur la montagne, le mai eût aussi regardé par dessus sa tête. Hors celui-là on n'en voyait pas un seul dans toute la commune, et les jeunes filles enviaient Eve, la fille aînée de Michel Wagner, parce qu'elle seule avait un mai.

Les enfants montaient le village. Au milieu d'eux se berçait une cabane de verdure. Cette cabane, en forme de pain de sucre, liée avec des osiers et couverte de feuillage, couvrait la tête d'un bambin qui s'en allait ainsi de maison en maison, en faisant une halte devant chaque porte. Près de lui marchaient deux autres garçons, portant un panier plein de paille et d'œufs ; une bande d'enfants, ayant tous des branches vertes à la main, venaient après eux. Devant toutes les maisons ils chantaient :

> — Ha ! ha ! ha ! le voilà ! le voilà !
> L'homme de mai revenu, le voilà !
> Donnez-nous des œufs, sans quoi,
> Pour vos poules gare au putois,
> Donnez-nous des œufs, si non
> Nous semons de paille le seuil de la maison.

Quand on ne leur donnait pas d'œufs, ils réalisaient leur menace et répandaient, en poussant de bruyants éclats de rire, une poignée de paille sur le seuil. Mais presque partout on leur faisait bon accueil, et ils continuaient leur ronde. Il n'y eut que la maison du *seigneur* devant laquelle ils passèrent sans s'arrêter.

Mais ce jour là l'attention du village n'était pas dirigée sur l'homme de mai, car tout le monde était devant la maison de Michel Wagner, à considérer le beau sapin. Pour l'amener là, il avait au moins fallu six hommes et deux chevaux. Il était inconcevable que cela ait pu se faire aussi vite et *en cachette*, car le plantage de mai, délit forestier sévèrement défendu, était puni par trois mois de travaux forcés. Aussi, malgré l'ancienne coutume, pas un garçon du village n'eût voulu planter un bouquet de ce genre devant la maison de sa fiancée ; Mathias Wendel, *le fiancé d'Eve*, l'avait seul osé, en dépit de la défense. On ne pouvait s'imaginer qui avait pu l'aider, on disait que c'étaient des garçons de Dettensée, village qui est à un quart de lieue de Nordstetten, et qui dépend du pays de Sigmaringen.

Beaucoup de paysans qui allaient aux champs avec la herse et la charrue, ou bien avec la pioche sur l'épaule, faisaient halte et regardaient un instant le superbe mai. Mathias Wendel était aussi au milieu des groupes, et souriait sous cape, en faisant des signes à Eve, qui était toute joyeuse à sa fenêtre.... ces clignements d'œil en disaient beaucoup. A toutes les questions malicieuses qu'on lui adressait pour savoir qui avait planté le mai, Eve se contentait, pour toute réponse, de lever ironiquement les épaules.

Les enfants de Mai venaient précisément d'arriver devant chez Michel Wagner, et ils commençaient leur chanson, quand le garde-champêtre arriva avec le garde-forestier, et s'écria : — silence, marmaille ! Les enfants se turent tout à coup, sur quoi le garde alla tout droit à Mathias, le prit par le bras et lui dit :
— Viens avec moi chez le bourgmestre. Mathias fit lâcher prise à la forte main du garde et lui demanda :
— Pourquoi ?

— Tu le sauras là bas ; maintenant suis-moi, sans quoi cela pourrait mal tourner.

Mathias regarda à droite et à gauche autour de lui, comme s'il ne savait que faire ou comme s'il voulait demander à quelqu'un secours et conseil, en ce moment l'homme de Mai arriva tout à coup, et, avec sa cabane de verdure, alla frapper au milieu du visage du garde. Le bambin s'imaginait bonnement qu'en qualité d'homme de Mai, sa personne était sacrée et inviolable ; mais le garde ne reconnaissait pour inviolable que sa propre personne, aussi d'un revers de main mit-il en pièces toute la maison de feuillage. Christli, le plus jeune frère de Mathias, s'échappa alors de dessous son masque, et s'éloigna au plus vite.

Cependant Eve était descendue devant la maison, et avait saisi Mathias par le bras, comme pour le sauver. Mais celui-ci retira brusquement sa main, et le garde-champêtre dit à Eve : — Attends, attends ! toi aussi, on viendra bientôt te chercher.

— J'irai bien tout seul, dit Mathias en lançant à Eve un regard très significatif ; mais celle-ci n'aperçut rien, car ses yeux étaient déjà remplis de larmes, et, le tablier sur le visage, elle rentra vite à la maison.

Les paysans allèrent alors à leurs champs, pendant que Mathias, escorté des deux gardes, longeait le village, avec tous les enfants qui criaient de loin derrière eux. Quand le garde ne fut plus à portée de les entendre, quelques uns des plus osés se mirent à crier : — *Soguès ! Soguès !* c'était le sobriquet du garde, sobriquet qui le mettait toujours dans une grande colère. Comme il était déjà revêtu de ces fonctions actuelles pendant les dernières années de la domination autrichienne, il s'imaginait, par surcroît de zèle, devoir parler aussi le dialecte autrichien, et il dit un jour : — *J sog es,* au lieu de : — *Ich sage es,* ce qui signifie : — *Je vous le dis,* et c'est de là qu'on lui donna le sobriquet de Soguès.

Soguès, Mathias et le forestier disparurent bientôt derrière la mystérieuse porte brune de la maison du bourgmestre, et tôt après celui-ci se mit à reprocher à Mathias son mauvais coup.

Mathias se tenait là debout, bien tranquille, à battre du pied la mesure d'une mélodie qu'il chantait intérieurement. A la fin il dit : — Aurez-vous bientôt tout dit, Monsieur le Bourgmestre, tout cela ne me regarde pas, je n'ai pas planté de Mai ; maintenant, continuez, si cela vous amuse ; je peux encore bien vous écouter un moment. Le bourgmestre, furieux, allait s'élancer sur Mathias, mais Soguès lui dit tout bas quelque chose, et son poing crispé resta tranquille. Il ordonna seulement à Soguès d'incarcérer pour vingt-quatre heures le criminel, à cause de sa grossière dénégation.

— Je suis un enfant du village, on sait où me trouver ; je ne veux pas m'enfuir pour une pareille bagatelle, on ne peut pas m'enprisonner, dit Mathias d'un ton calme.

— On ne peut pas ! s'écria le bourgmestre, tout rouge de colère, c'est ce que nous allons voir.

— Eh bien ! c'est assez plaisanté ; j'y vais tout seul, dit Mathias ; mais avec un fils de bourgeois cela ne devrait pas se passer ainsi, si mon cousin, le Buchmayer, était ici, ça ne serait pas.

Sur le chemin de la prison, Mathias rencontra

encore Eve, mais il ne chercha pas à lui parler. Eve n'y pouvait rien comprendre ; elle regarda longtemps Mathias, quand il était déjà bien loin, puis, le cœur oppressé de honte et de souci, elle se rendit, les yeux baissés, chez le bourgmestre. La femme de celui-ci était sa marraine, et Eve lui dit qu'elle ne sortirait pas de là avant que Mathias ne fût libre ; mais pour ce cas, l'intercession ne servit à rien ; le bourgmestre attendait prochainement le tribunal, et il voulait, par sa sévérité, se concilier l'amitié du grand Bailli.

Secondé par Soguès, son fidèle et sage ministre, le bourgmestre écrivit son rapport ; et le lendemain de bonne heure, Mathias fut transféré à Horb. Fort heureusement que le chemin passait par l'autre bout du village, et que la pauvre Eve ne vit pas partir Mathias, car c'était pitoyable à voir : ce garçon, d'ordinaire si frais et si dispos, semblait maintenant abattu et négligé ; une seule nuit de prison avait suffit pour l'arranger ainsi. A toutes les haies devant lesquelles il passait, Mathias arrachait de colère une branche qu'il jetait là tout aussitôt ; quand on arriva à la forêt de sapins, en montant la côte, il en cueillit encore une de sapin, mais pour celle-ci, il la mit entre ses dents et la conserva.

Tout le long de la route il ne dit pas un mot. Il semblait que cette branche de sapin était le visible enblème de son silence relativement au Mai, ou bien que cette branche liait sa langue par un charme inexplicable. Devant le haut bailliage, il mit bas sa branche, et presque sans s'en apercevoir, il cacha dans sa poche cette marque de son accusation.

Ceux qui n'ont jamais été dans les mains de la justice, ne savent pas ce qu'il y a d'affreux à n'être tout à coup plus maître de soi-même, comme si on venait de vous prendre votre propre corps. Continuellement repassé de main en main, il faut lever spontanément les pieds pour aller où les autres veulent. Mathias sentit bien cela, car, de toute sa vie, c'était la première fois qu'il paraissait devant la justice. Il était aussi embarrassé et aussi mal à l'aise que s'il eût été un très grand criminel, ou qu'il eût assassiné quelqu'un ; et il lui semblait que ses genoux allaient se briser, quand on lui fit monter les longs escaliers de la montagne sur laquelle est située la tour des prisons, tour qui est là revêchement posée sur la côte, comme un château fort, ou comme un grand doigt de pierre qui semble signifier à tous les environs : — prenez garde à vous !

Mathias trouva le temps d'une longueur mortelle. D'aussi loin qu'il pouvait se souvenir, il n'était jamais resté une heure sans travailler, que pouvait-il faire maintenant ? Il regarda un instant par la fenêtre doublement grillée et percée dans un mur de six pieds d'épaisseur, mais il n'aperçut qu'un petit morceau du ciel bleu. Etendu sur le lit de camp, il s'amusa longtemps avec la branche de sapin qu'il avait retrouvée dans sa poche, c'est tout ce qu'il lui restait du verdoyant monde extérieur. Il la planta dans une fissure de planches et se figura voir le grand Mai qui était devant la fenêtre d'Eve, et qu'il lui semblait déjà n'avoir pas vu depuis un siècle. Mais bientôt il devint plus attentif et se mit à considérer avec soin cette branche. Il voyait alors pour la première fois combien elle était jolie. Dans le bas, les feuilles aiguës étaient dures et d'un vert sombre; vers la pointe, elles étaient au contraire tendres et de couleur claire, et aussi douces que le duvet d'un oiseau qui ne peut pas encore voler; tout en haut, se trouvait le petit germe, avec ses écailles joliment disposées les unes sur les autres : c'est ce qui devait devenir une pomme de pin. Il s'exhalait de cette branche de sapin une fraîche odeur de résine, plus douce que la lavande et le romarin. Mathias la passait légèrement sur sa figure et sur ses yeux fermés, et finit par s'endormir, la branche toujours dans la main. En songe, il lui sembla qu'il était fortement lié à un sapin vacillant, de manière à ne pouvoir faire aucun mouvement. Il entendait la voix d'Eve qui conjurait le diable de la faire monter jusque près de lui pour le délivrer. Il s'éveilla et reconnut en effet la voix d'Eve et celle de son frère Christli. Ils venaient lui apporter à déjeuner, et priaient le geôlier de les laisser entrer auprès de lui, mais ce fut en vain.

Ce fut seulement vers le soir que Mathias fut conduit à l'interrogatoire. Le grand Bailli commença aussitôt à le tutoyer et à l'injurer en haut allemand, comme, la veille, le bourgmestre l'avait fait en patois. Tant que les actes judiciaires ne seront pas publics, comme ils l'étaient autrefois dans toute l'Allemagne, un fonctionnaire pourra toujours traiter les prévenus comme il l'entendra, et quoiqu'il ne puisse plus se servir du bâton ou de la torture, il ne reste pas moins à sa disposition bien d'autres vexations, quelquefois encore plus cruelles.

Le grand Bailli formait ses questions tout en faisant résonner ses éperons en long et en large de la chambre, et en tortillant continuellement entre ses doigts un petit morceau de papier :

— Où as-tu volé cet arbre ?

— Je ne sais rien de rien, Monsieur le grand Baili.

— Tu en as menti, misérable chenapan, dit tout à coup le fonctionnaire en s'avançant contre Mathias en le saisissant au collet.

Mathias se replia en arrière en crispant involontairement les poings.

— Je ne suis pas un chenapan, dit-il enfin, et vous mettrez dans le protocole ce que vous venez de dire là ; nous verrons bien si je suis un chenapan, quand mon cousin le Buchmayer sera revenu.

A ce propos, le bailli tourna le dos en serrant les lèvres. Si l'affaire de Mathias eût été meilleure, la chose aurait pu mal finir pour le bailli, il se garda donc bien de consigner ses injures au protocole, et sonna pour demander Soguès.

— Qu'est-ce qui vous prouve que c'est celui-là qui a planté le Mai.

— Tous les enfants du village et toutes les tuiles qui sont sur les toits savent très bien que Mathias est le fiancé d'Eve ; je crois que le plus court serait encore de faire venir la jeune fille, elle ne mentira pas et ne voudra pas faire un faux serment et dire que cela est faux.

En entendant cela, Mathias ouvrit de grands yeux, ses lèvres s'agitaient, mais il ne dit mot. Le bailli fut un instant interdit ; il reconnaissait très bien l'inadmissibilité d'une pareille manière de prouver, mais il voulait faire un exemple, ainsi qu'il disait en style judiciaire.

Quand Mathias, Soguès et les deux échevins ordinaires eurent signé le protocole, l'interrogatoire fut terminé ; Mathias n'eut pas le courage de récidiver sa réclamation, relativement aux injurieuses paroles du grand bailli ; il fut de nouveau reconduit en prison.

Il était déjà tard dans la soirée, Eve était alors assise au-dessus de la côte, et contemplait au loin la tour de la montagne. Elle s'attendait à voir enfin arriver Mathias et s'était cachée derrière une haie pour n'être vue ni interrogée de personne. Elle aperçut alors Soguès qui montait les prés de la côte, elle voulut gagner la route ; Soguès lui fit signe, et elle s'empressa d'aller au-devant de lui. — Va tout doucement, Eve, cria Soguès, j'ai seulement voulu te dire (tu m'épargnes une course), que demain matin, à huit heures, tu auras à comparaître devant le tribunal.

Eve était là, pâle comme une morte, et regardant avec égarement ; puis elle se mit à descendre la montagne au galop et ne s'arrêta qu'au bas, près du Neckar ; alors elle promena ses regards tout surpris autour d'elle. Il lui avait semblé qu'on l'emprisonnait à l'instant même, et qu'il ne lui restait plus qu'à s'enfuir. Elle rentra chez elle en pleurant silencieusement et en baissant la tête.

Pendant toute la nuit, Eve ne put fermer l'œil; ne devait-elle pas, le lendemain, paraître pour la première fois en justice? Toutes sortes d'horribles tableaux d'appartements tendus de noir se dressaient devant son âme, et si elle n'avait pas invité son amie Agathe, de chez le tailleur, à venir coucher avec elle, la pauvre fille serait morte de frayeur.

Dès le grand matin, elle alla à son armoire chercher sa robe des dimanches, et Agathe fut obligée de l'habiller. Elle tremblait si fort qu'elle ne pouvait pas nouer un cordon. Eve se contemplait douloureusement dans son miroir cassé, il lui semblait qu'avec ses habits des dimanches elle allait aller à un enterrement.

Michel Wagner accompagna sa fille, ne pouvant laisser aller seule cette enfant. En arrivant à la porte du tribunal, il ôta son chapeau, lissa ses cheveux courts avec sa main, et prit une physionomie aussi avenante que possible, en frottant ses pieds sur le seuil de la salle. Il appuya un bâton d'épines contre le mur, et en tenant avec la main gauche son chapeau à trois cornes contre sa poitrine, il pencha humblement la tête et frappa. La porte s'ouvrit : — Que veux-tu? demanda une voix rauque.

— Je suis Michel Wagner, et celle-là est ma fille, l'Eve; et elle se gêne tant que j'ai voulu demander si je ne peux pas entrer avec elle devant le tribunal?

— Non! répondit la voix rauque, et on lui ferma si brusquement la porte au nez, qu'il en recula de trois pas. On ne lui laissa pas le temps d'observer que c'était réellement lui, et non sa fille, qui devait paraître devant le tribunal, puisque le mai était planté devant sa maison.

Il s'assit donc dans le vestibule, près de sa fille, les deux mains appuyées sur son bâton d'épine et le menton penché sur ses mains, en regardant fixement les dalles du sol qui étaient aussi froides et aussi impitoyables que la figure du fonctionnaire. Puis il commença à murmurer en lui-même : — Si le Buchmayer était là, il leur ferait bien filer un autre coton. Eve ne pouvait dire le mot. Elle avait les mains jointes et se contentait, par intervalles, de tousser doucement dans son mouchoir de poche bien repassé.

Enfin on l'appela dans la salle du tribunal; elle se leva lestement. Le père et la fille se regardèrent sans rien dire, et Eve disparut derrière la porte. Elle s'arrêta là; le grand bailli n'était pas encore arrivé, seulement le greffier était à sa place, il jouait avec une plume qu'il tenait dans les doigts. Les deux échevins étaient près de lui et chuchotaient quelque chose entre eux. Eve frissonnait et tremblait de tous ses membres. Ce silence dura pendant dix minutes, qui semblèrent à Eve la moitié d'une éternité. Enfin on entendit résonner des éperons, le grand bailli arriva. Eve sembla beaucoup lui plaire, car il lui prit le menton, caressa de la main ses joues rouges et brûlantes et lui dit : — Assieds-toi. Eve obéit, en se mettant timidement sur le bord de la chaise. Quand elle eut satisfait, les yeux baissés, aux demandes du nom, de l'âge, de la profession, etc., le grand bailli lui demanda : — Maintenant qu'est-ce qui t'a planté le mai?

— Je ne peux pas le savoir, Monsieur le bailli.

— N'est-ce pas toi qui as donné la corde pour l'attacher à la fenêtre du pignon?

— Non, Monsieur le bailli.

— Ne sais-tu pas non plus qui est ton bon ami?

Evé commença à pleurer à chaudes larmes. C'était affreux pour elle d'être obligée de nier, et cependant elle ne pouvait pas non plus en convenir. Le bailli lui vint en aide et dit :

— Voyons, qui a-t-il donc là à nier? Mathias est ton fiancé, et vous devez même vous marier bientôt.

Eve réfléchit alors que dans quatre semaines ils devaient aller chercher près de l'administration leur permission de mariage; elle crut que si elle niait, on ne voudrait leur remettre ni papiers, ni autorisation, de plus elle ne pouvait pas dire non, c'était contre sa conscience. Son cœur battait fortement; un certain sentiment d'orgueil s'élevait en elle, une certitude qui planait sur tous les périls anima tout son être. Tout à coup elle ne pensa plus ni aux papiers, ni au grand bailli, ni au lieu où elle se trouvait; elle ne pensa plus qu'à Mathias; la dernière larme tomba de ses cils, son œil resplendit d'éclat, elle se leva, regarda autour d'elle d'un air de triomphe, et dit : — Non ! je n'en aurai jamais d'autre que lui au monde.

— C'est donc Mathias qui t'a mis le mai?

— Ça se peut bien, mais je n'y étais pas, et j'ai été cette nuit là.... et ses pleurs recommençant de plus belle, elle ne put en dire davantage.

Fort heureusement qu'Eve fermait les yeux, elle ne vit pas le sourire des juges.

— Conviens-en donc, voyons, pas un autre ne t'a mis le mai, n'est-ce pas?

— Que puis-je savoir!

Au moyen de toutes sortes de questions entortillées, et de l'assurance que la peine serait légère, le grand bailli finit par faire avouer la pauvre Eve. Alors on lui lut le protocole, qui était rédigé en pur allemand, et sous forme de discours continu. De toutes les larmes et désolations de la pauvre fille il n'en était pas question. Eve s'étonna de tout ce qu'elle avait dit là, mais elle signa tout de même, enchantée de pouvoir enfin sortir. Quand elle eut passé la porte et qu'elle entendit tomber le loquet, elle s'arrêta brusquement, toute saisie, et joignit les mains; un profond soupir sortit de sa poitrine, il lui sembla que le sol vacillait sous elle, car elle comprenait pour la première fois le tort qu'elle pouvait avoir fait à son Mathias.

Elle descendit timidement la rampe d'escaliers de pierre, en se retenant à la balustrade; et alla chercher son père qui buvait une choppe au *Mouton*, pour se refaire le cœur. Elle s'assit près de lui sans mot dire, et ne voulut rien accepter.

Pendant ce temps là, Mathias avait été aussi ramené à l'interrogatoire. Quand il entendit la déposition d'Eve, il frappa des pieds la terre et grinça des dents. Ces démonstrations furent aussitôt saisies comme confirmation de l'aveu, et, de guerre las, Mathias se reconnut pris; mais il s'agitait encore comme un sauvage pris dans un filet, qui se retourne en tous sens pour se délivrer, et qui s'entortille toujours davantage.

Quand on lui demanda où il était allé chercher cet arbre, Mathias dit d'abord qu'il l'avait pris dans le bois de Dettensée (principauté de Sigmaringen). Puis quand on le menaça de nouvelles poursuites devant l'administration d'Haigerloch, il avoua enfin qu'il l'avait tiré de sa propre forêt, située en *Weiherlé*, et que c'était un de ceux que le garde devait marquer quelques jours après.

En égard à cette circonstance atténuante, Mathias fut condamné à une amende de dix thalers, pour avoir enlevé avant la marque un arbre de sa propre forêt.

Au dessus de la côte, à l'endroit où, la veille, Mathias avait cueilli une branche de sapin, il rencontra Eve et son père, qui avaient pris par le sentier des prés. Mathias voulait passer outre sans saluer. Alors Eve courut vers lui, prit sa main, et s'écria en respirant péniblement : — Mathias ne boude pas, tiens, voila mon médaillon et mon collier, s'il te faut payer l'amende. Remercie le bon Dieu de ce que tu n'es au moins plus eu prison.

Après quelques difficultés, Mathias s'appaisa, et donna la main à son Eve pour rentrer dans le village, où chacun l'accueillit amicalement.

Voilà l'histoire du Mai de la maison de Michel Wagner. Le jour de la noce des deux jeunes gens, on le décora de rubans rouges. Le ciel se montra plus favorable pour ce sapin que l'estimable police, car, par une sorte de miracle, l'arbre reverdit et poussa de nouveaux bourgeons ; aujourd'hui encore il est là debout, comme un éternel signe d'amour, devant la maison de ces heureuses gens.

§. 2.

Mais à cette histoire s'en rattache encore une autre d'une signification plus générale. Le plantage des Mais, ainsi que d'autres délits forestiers survenus quelque temps après, décidèrent le grand Bailli à publier une ordonnance qui voltigeait déjà depuis bien longtemps au bout de sa plume.

Dès les temps anciens, c'est un droit et une coutume parmi les paysans de la Forêt-Noire, en allant par les champs, c'est-à-dire d'un endroit à un autre, de porter une petite hache à main sur le bras gauche. Les hommes seulement portent ce signe, les garçons ne l'ont pas. Il se peut très bien que se soit là, selon la tradition qui court, un reste de coutume des temps où tout le monde était armé.

Le premier jour des fêtes de Pentecôte, on put

lire dans les villages du district, sur la planche noire de la maison commune, l'ordonnance ci-dessous :

— Comme il est arrivé à notre connaissance que beaucoup de délits forestiers proviennent du port illégal des haches, nous faisons savoir au public par les présentes :

Que dorénavant quiconque sera trouvé dans les rues ou dans le bois avec une hache, devra expressément justifier au gendarme, garde-champêtre ou garde-forestier qui le rencontrera, à quoi et en quel lieu il prétend s'en servir.

Quiconque ne donnera pas à cet égard des renseignements satisfaisants, sera condamné pour la première fois à une amende d'un thaler, pour la seconde fois à une amende de trois thalers, et pour les autres fois à une peine de huit jours à un mois de prison.

Le grand Bailli,
RELLINGS.

Beaucoup de paysans stationnaient après l'église devant la maison commune ; Mathias, qui maintenant faisait aussi partie des *hommes,* se mit à lire à haute voix l'ordonnance. Tous secouaient la tête, en murmurant des malédictions et des jurements. Quant à l'ancien Bourgmestre, il dit tout haut : — De mon temps cela ne serait pas arrivé, c'était là un de nos privilèges.

En ce moment on vit le Buchmayer monter le village avec sa hache sur le bras. Dès qu'on l'aperçut, chacun se tourna vers lui.

C'était un homme fort et robuste, aux manières aisées ; il n'était pas grand, mais gros et large d'épaules. De sa courte culotte de peau s'échappait un tant soit peu sa chemise bouffante. Dessous son gilet rouge entr'ouvert on voyait la large courroie transversale qui s'agraffait à ses bretelles et qui, avec ses couleurs bariolées, ressemblait de loin à une ceinture de pistolets. Le chapeau à trois cornes recouvrait une tête d'une petitesse démesurée, et dont la figure, surtout autour de la bouche et du menton, avait une expression d'une douceur presque féminine. Ses grands yeux bleus, resplendissant sous des sourcils élevés, annonçaient l'intelligence et la fermeté masculine.

Mathias courut au devant du Buchmayer, lui annonça l'ordonnance et lui dit : — Cousin, vous êtes tous des conseillers municipaux de rien du tout, si vous laissez passer cela ainsi.

Le Buchmayer continua à marcher d'un pas aussi calme, sans se presser d'une semelle. Il alla tout droit à la planche des affiches. Chacun se retira pour le laisser lire plus à l'aise. Il releva un peu la pointe de son chapeau ; un silence plein de curiosité se fit autour de lui. Quand le Buchmayer eut fini de lire à voix basse, il donna un coup de plat de sa main sur le fond de son chapeau pour le consolider : cela signifiait quelque résolution. Là dessus il prit tranquillement la hache qui était sur son bras gauche, et avec un : — tiens ! il la planta dans la planche noire, au beau milieu de l'ordonnance, puis il se retourna vers ceux qui l'entouraient, et dit : — Nous sommes citoyens et conseillers municipaux ; sans réunion administrative et sans le vote de tous les conseilliers on ne peut pas publier une pareille ordonnance. Il faudra bien qu'on voie une fois si les scribes sont tout et si nous ne comptons plus pour rien du tout. Dussions-nous porter l'affaire jusqu'au roi, nous ne souffrirons pas cela ; que ceux qui sont d'accord avec moi prennent aussi ma hache, et la plantent dans la planche.

Mathias fut le premier qui la saisit, mais le Buchmayer le retint par le bras et lui dit : — Laisse commencer les vieilles gens.

Ce mot fit effet sur les poltrons et les irrésolus qui étaient étonnés de la manière d'agir du Buchmayer et ne savaient que faire. L'ancien bourgmestre frappa le premier son coup d'une main tremblante, et tous l'imitèrent avec empressement.

Pas un de ceux qui étaient là ne resta en arrière et le nom du grand bailli fut surtout hâché dans tous les sens. Peu à peu tout le village arriva, chacun s'associa avec empressement à cette démonstration significative, et chacun donna son coup, au milieu des cris et des éclats de rire.

Le bourgmestre, à la nouvelle de ce qui venait d'arriver, voulut faire venir les gendarmes de Horb. Mais son sage ministre le dissuada de cette idée, sous prétexte que cela ne servirait à rien. Le malin Soguès se disait en lui-même : — C'est bon, laissez-les tous contrevenir à l'ordonnance ; cela va faire une vraie moisson de procès-verbaux, et chaque procès-verbal me vaut un batz. Tapez seulement fort, cela entrera dans la chair, et tout cela nous sera profit. D'un air joyeux, Soguès comptait déjà à une choppe pris à boire à l'*aigle*, le profit que lui rendrait la conduite du village.

Excepté Sogués et le bourgmestre, il ne resta enfin personne dans tout le village qui n'eût pris part à ces excès.

Le mardi suivent, sur l'avis de l'ancien bourgmestre, les conseillers allèrent eux-mêmes porter au conseil la déclaration de ce qu'ils avaient fait. Le grand bailli se mit à jurer et à tempêter par la chambre. Ce n'était plus M. Rellings, il ressemblait vraiment à un matou râsé (1), auquel on aurait mis des lunettes sur le nez et des éperons aux pieds. Il voulait faire emprisonner de suite les scélérats ; mais le Buchmayer s'avança brusquement devant lui et dit : — Voilà toute votre science, emprisonner ! Mais cela ne presse pas. Nous sommes ici pour nous expliquer, nous reconnaissons nettement ce que nous avons fait, et dans tout cela il ne peut être question de prison préventive pour aucun de nous ; je ne suis pas un vagabond, vous savez où j'habite, je suis le Buchmayer ; celui-là, c'est Beck ; celui-là, c'est Jean Schmied ; celui-là, c'est Bastien de chez Michel. On nous trouvera toujours sur notre propre fonds et chez nous. Sans jugement on ne peut pas nous emprisonner, et

---

(1) Dans la Forêt-Noire un matou s'appelle *Relling*.

après jugement nous pouvons encore en appeler à Reutlingen, et même à Stuttgart s'il le faut.

Le grand bailli changea de batterie et renvoya ces hommes à son audience du lendemain, à neuf heures.

Cette détermination eut au moins ceci de bon, c'est que par là Soguès fut floué de ses batz si bien comptés. Ainsi se trompent bien souvent dans leurs calculs les grands et les petits messieurs.

Le lendemain, le village semblait presque sur le pied de guerre, quand on vit partir, leur hache sur le bras, ces paysans, dont le nombre dépassait bien la centaine. Souvent ils s'arrêtaient devant les maisons pour appeler les retardataires, qui dans leur empressement finissaient de mettre leur habit au milieu de la rue. Bien des gasconnades et des railleries s'assoupirent à l'apparition du Buchmayer, qui fronçait horriblement les sourcils. On n'avala pas une goutte de quoi que ce soit, avant la fin de l'audience. — D'abord les affaires, ensuite les verres, ce fut la devise de ces gens.

Le grand Bailli était à sa fenêtre, en robe de chambre et sa grande pipe à la bouche. Quand il vit arriver cette troupe en armes, il ferma vite la fenêtre et courut à sa sonnette, mais comme les éperons ne quittaient pas ses bottes, il s'empâtura dans le rideau et s'étendit de tout son long sur le plancher. La grande pipe gisait là à côté de lui, comme eussent fait ses armes après une bataille. Il se releva pourtant vite, sonna le concierge, l'envoya vers le commandant de la station et le maréchal des logis des gendarmes, pour leur donner l'ordre d'arriver tous, les armes bien chargées. Par malheur on ne trouva que quatre hommes dans l'endroit. Il leur ordonna cependant de rester par derrière, dans la chambre du concierge, et de se tenir prêts à lui obéir. Dans la salle d'audience il ordonna également qu'on ne fît entrer qu'un paysan l'un après l'autre, et qu'on refermât toujours aussitôt la porte.

Le Buchmayer ayant été appelé le premier, il dit en tenant la porte entrouverte avec sa main : — Bonjour Monsieur le Bailli, et se retournant aussitôt, il cria à ceux qui étaient encore dehors : — Voyons, entrez donc, vous autres, nous avons à parler des affaires de commune ; je ne parle pas pour moi seul. Avant que le Bailli ait eu le temps de se reconnaître, toute la chambre était pleine de paysans avec leurs haches sur le bras. Le Buchmayer s'avança vers le greffier et lui dit en étendant la main : — Ecrivez mot à mot ce que je dis, car il faut bien qu'ils le sachent aussi au gouvernement du district. Il étira en même temps deux fois avec sa main droite le collet de sa chemise, posa son poing sur la table verte et commença :

— Tout respect devant vous, Monsieur le grand Bailli ; c'est le roi qui vous a envoyé, et nous devons vous obéir comme le veut la loi ; le roi est un brave et excellent homme, il ne veut certainement pas qu'on élève avec des coups de fouet. Tout les petits maîtres que nous avons, du haut jusqu'en bas, trouvent leur plaisir à se donner des airs d'importance. Bientôt ils feront des notes sur la manière dont une poule devra chanter quand elle fait son œuf. Je veux vous trouver une fois un couvert à votre marmite, je veux vous verser du vin clair. Je sais bien, cela ne sert à rien maintenant, mais il faut que cela soit dit; il faut que je fasse une fois la lessive, il y a assez longtemps que cela m'étrangle. La commune ne doit plus rien être désormais, il faut que tout se fasse dans les bureaux des employés. Ainsi donc labourez, semez et moisonnez donc aussi dans les bureaux des employés. C'est ainsi qu'un maigre écrivassier vilipande une maison commune pleine de paysans, et avant qu'on n'y ait rien vu, on envoie des écrivassiers pour être bourgmestres dans le village, les uns après les autres, et alors tout est parfaitement dans le meilleur ordre, comme l'entendent ces messieurs. Ce qui est vrai est vrai ; il faut qu'il y ait de l'ordre, mais premièrement il faudrait voir si cela n'irait pas mieux sans les écrivassiers. Nous ne sommes pas plus bêtes que d'autres, et si cela n'est pas en style administratif, ça ne dit pas que nous ne pouvons pas nous en tirer. Il faut qu'il y ait des gens instruits pour avoir la surveillance sur toutes choses, mais d'abord il faut que ce soient les citoyens qui mettent eux-mêmes en ordre leurs affaires.

— A la question ! à la question ! s'écria le fonctionnaire.

— Ceci tient à la question. Avec votre écrivasserie vous ne savez plus que commander, et vous êtes toujours à protéger, à soigner et à empêcher, oui empêcher, j'aurais bientôt dit cela. A la fin, mettez donc un agent de police au pied de chaque arbre, afin qu'il ne sente pas trop l'air quand il fait du vent, et qu'il ne boive pas trop quand il pleut. Si cela va ainsi avec cette manie de commander, nous n'avons plus qu'à plier boutique. Tout! oui tout! vous voulez tout nous prendre. Seulement voici une chose que nous ne nous laisserons pas enlever... Il leva sa hache tant qu'il put et continua en grinçant des dents : — Quand même avec cette hache-là je devrais enfoncer toutes les portes pour arriver auprès du roi, je ne me la laisserais pas ôter de la main.

Depuis les temps anciens, c'est notre droit de porter la hache, et si on veut nous la prendre, il faut assembler le conseil, ou bien ouvrir la Diète, et là au moins nous verrons ce que nous avons à dire. Mais pourquoi voulez-vous nous la prendre? Pour qu'il n'arrive point de délits forestiers. Mais il y a des gardes, des lois et des punitions, et elles sont les mêmes pour le noble et pour le mendiant. Combien faut-il de dents à un paysan pour manger des pommes de terre? Arrachez-lui donc toutes celles qui sont de trop pour qu'il ne sente pas la tentation de voler de la viande. Et pourquoi laissez-vous donc courir les chiens avec leurs dents crochues? Quand un bambin a huit, neuf ans, il a son couteau dans sa poche, et s'il se coupe le doigt, c'est lui-même qui en pâtit, s'il s'en sert pour faire du mal à un autre, on lui donne sur les doigts. Qui vous dit donc que nous sommes encore plus méchants que ne le sont les petits enfants et que vous ne l'êtes, vous nos instructeurs et nos tuteurs? Vous autres messieurs, on dirait que vous croyez que c'est à vous que j'en suis redevable, si je ne me jette pas en ce moment par la fenêtre. Dans les choses importantes de la vie, il faut pourtant bien que chacun fasse ses affaires soi-même, de même que chaque commune doit soigner les siennes, et non pas vous, nos maîtres! Qu'est-ce que je dis là, nos maîtres? Vous êtes nos domestiques, et c'est nous qui sommes les maîtres. Il vous semble toujours que nous avons été créés pour vous, afin que vous ayiez à commander à quelqu'un. Si nous vous payons, c'est pour que l'ordre soit dans le pays, et non pour nous laisser berner. Vous êtes domestiques de l'Etat, et l'Etat, c'est nous, les citoyens. Si on ne nous laisse pas notre droit, nous n'irons pas à la fontaine, nous irons à la source; et je mettrais ma tête sur le tronc, pour qu'elle y soit coupée avec la hache du bourreau, plutôt que de me laisser prendre la mienne, sans que je le veuille, par un employé. Voilà ce que c'est! et j'ai fini.

Un profond silence régnait dans la salle. Chacun de ces hommes regardait son voisin, et clignait de l'œil d'une manière qui semblait dire: — Il a son affaire; maintenant on peut le mettre bouillir ou rôtir, à volonté! Pour Bastien, il dit tout bas à Beck: — Le proverbe a raison, il n'a pas cuit la pièce à côté du trou. — C'est vrai, il n'a pas mis sa langue dans sa poche, répondit Beck.

Le bailli ne laissa pas durer longtemps l'impression de ce discours. En tortillant dans ses doigts un petit morceau de papier, il commença d'une voix calme à exposer la gravité du crime en question. De nombreux et terribles coups de côté tombèrent sur le Buchmayer, mais celui-ci se contentait chaque fois de secouer légèrement la tête, comme s'il chassait ses mouches. Enfin le bailli parla des amateurs de procès, des insurgés, et des avocats de village qui ont bu une fois une choppine avec un homme de lois, et qui l'écoutaient avec de grandes oreilles sans y rien comprendre. Après ces digressions générales, il en revint aussitôt à la question. Il demanda tous les prévenus par leur nom, les complimenta comme de paisibles et intelligents citoyens, incapables d'un fait pareil. Il exprima sa conviction profonde qu'ils s'étaient laissé entraîner par le Buchmayer, et les conjura, au nom de leurs consciences, au nom de l'obéissance au Roi et à la loi, au nom de leur amour pour leurs femmes et leurs enfants, de ne pas assumer sur eux une pareille faute, de reconnaître franchement leur erreur, en promettant que leur punition en serait adoucie.

Le silence régna de nouveau dans la salle ; quelques-uns s'entre-regardaient, puis baissaient les yeux avec embarras. Le Buchmayer, lui, levait haut et hardiment la tête ; il les regarda tous au visage ; sa poitrine se soulevait, et il retenait son haleine d'un air de vive attente. Mathias avait déjà ouvert la bouche pour parler, mais Jean Schmied la lui ferma, car au même instant se levait l'ancien bourgmestre, qui seul de tous les assistants s'était assis sur une chaise. Il s'avança vers la table verte à pas lents, et en levant les pieds avec peine. Là il prit la parole, d'abord timidement et en reprenant souvent haleine, mais bientôt il dit couramment : — Grand merci, Monsieur le grand-bailli, pour le beau discours que vous m'avez tenu, et aux autres aussi, mais je suis prêt à signer de point en point tout ce qu'a dit le Buchmayer, s'il fallait encore une preuve que les messieurs nous regardent comme de petits enfants ou comme des mineurs, vous viendriez de la lui fournir, monsieur le bailli ; non, j'ai 76 ans et j'ai été vingt ans bourgmestre. Nous ne sommes plus des enfants qui se laissent entraîner à quelque chose comme à une farce de gamin ; je garderai ma hache jusqu'à ce qu'on me mette entre six planches. Que ceux qui sont ici comme des enfants le sachent donc bien : — Je suis un homme qui sais ce que je fais, et s'il y a condamnation, j'en réclame ma part !

— Nous aussi ! s'écrièrent d'une seule voix tous les paysans. La voix de Mathias perçait sur toutes les autres.

La figure du Buchmayer resplendissait de contentement. Il prit encore de la main droite sa hache et la pressa tendrement sur son cœur.

Dès que les formalités requises furent terminées, on signa le protocole, le Buchmayer s'en fit donner copie, et tous les paysans quittèrent la salle.

Bien d'autres communes encore firent des réclamations contre la nouvelle ordonnance. La chose alla jusque devant le gouvernement du district. Ceux qui avaient fait eux-mêmes à coups de hache leur réclamation d'une manière si insolite, furent condamnés à une amende déterminée. Cependant, comme au bout de quelque temps le grand-bailli Rellings fut changé, il ne fut plus question de l'ordonnance.

Après, comme avant, les hommes portèrent la hache sur le bras gauche.

Une autre fois, je vous raconterai bien volontiers encore autre chose du Buchmayer.

SURPRISE.

(Traduit de Hébel.)

Par qui donc cette fleur peut-elle être arrosée;
Ce n'est pas là, bien sûr, l'effet de la rosée,
Rien n'est humide autour de la même façon,
Et cela ne vient pas non plus de la maison.

Tout matin qu'on se lève, on trouve ainsi la terre,
Pénètre qui pourra cet étrange mystère,
En attendant voilà du pois qu'il faut râmer,
Quand ils seront fleuris, ils vont tout embaumer.

Si l'on croyait encore aux toutes vieilles fables,
Je dirais qu'une fée aux manières affables
S'intéresse à mes fleurs et vient les raffermir
La nuit, quand tout le monde est sensé bien dormir!

Car il s'en est trouvé, du moins on le raconte,
Qui travaillaient ainsi chaque nuit, pour le compte
De quelque paysan qui restait stupéfait,
En voyant au matin tout son ouvrage fait.

— Ah! vilain, c'était toi, je m'en suis bien doutée;
Ne te cache plus, va, ta ruse est éventée,
Je te vois à travers ces branchages tremblants...
Malheureux !... ne vas pas écraser mes replants.

— Catherine, pourquoi m'apercevoir si vite?
Et me poursuivre quand tu vois que je t'évite.
Eh bien, oui, là... c'est moi qu'il faut remercier
Et qui me jetterais pour toi dans un brasier !

Ainsi Fritz exhalait devant sa Catherine
L'amour impétueux qui gonflait sa poitrine,
Sans gêne et sans détours, pendant que celle-ci
Sentait, de son côté, le cœur lui battre aussi !

— Vois donc comme ces fleurs entre elles se sourient,
Et comme d'ici là leurs nuances varient,
Et comme, en bourdonnant, cet innombrable essaim
D'abeilles va puiser ses vivres dans leur sein.

Des abeilles ! des fleurs ! que m'importe, ma belle,
A l'amour dont je meurs que ta bouche rebelle
Sourie, et crois-le bien, comme je te le dis,
Tous les lieux deviendront pour moi des paradis !

Et là-dessus, voilà mon gaillard qui l'embrasse !
Pendant qu'à l'horizon, que le vent débarrasse,
Le soleil, tout charmé de pareils entretiens,
Montre sa grande face, en disant : — Tiens ! tiens ! tiens !

L'ARAIGNÉE.

(Traduit de Hébel.)

Une araignée.. oh ! vois quel grand fil elle traîne...
En filas-tu jamais un pareil dis, marraine...
Cela doit être bien fragile à dévider;
Que c'est lisse et menu.. mais viens donc regarder...

Où prend-elle son œuvre enfin cette araignée,
Et cette œuvre qui peut l'avoir ainsi peignée?
Bon... voilà qu'elle étend les bras, en retroussant
Ses manches pour que rien ne la gêne en tissant.

8*

Puis voilà qu'elle jette un fil et l'enracine
Comme un pont, pour aller à la maison voisine,
Et demain l'on verra, le long de ce cordeau,
S'étendre la rosée, en belles gouttes d'eau.

A présent elle monte et descend et galoppe,
Puis voilà que d'un cercle immense elle enveloppe
Tous ces fils rayonnés sur l'axe transparent,
Aussi bien que pourrait le faire un tisserand.

Maintenant la voilà qui rumine et calcule,
Puis, après un moment de trêve elle recule...
D'un air qui semble dire : — A quoi bon s'épuiser ? —
C'est vrai, n'a-t-elle pas droit de se reposer ?

La voilà qui revient pourtant à son étoffe,
Pour·ne la plus quitter... et dire que Christophe
Le marguillier prétend que ce brin si subtil,
Est fait de brins encor plus petits... qu'en sait-il ?

Tiens, la voici qui lave enfin ses doigts et gagne,
D'un seul bond vigoureux, sa maison de campagne
Qui donne sur la route, et de là s'aperçoit
Du bonheur qu'on éprouve à se sentir chez soi...

Puis bientôt sur ces fils où la lumière flambe;
Comme dans un hamac, notre tisseuse ingambe
Se berce en épiant les mouches d'alentour,
A qui tous ces apprêts joueront bien mauvais tour.

Quoi qu'il en soit, tu peux te vanter, chasseresse,
De m'avoir joliment tenu l'âme en détresse...
Aussi bien, comment donc mets-tu tant de savoir
Dans un corps si petit qu'on a peine à le voir ?

Bon.. voilà qu'au milieu de ton grand filet saute
Une mouche... faut-il, vraiment, qu'elle soit sotte !
Pauvre bête, bientôt ton compte sera clair,
Voilà ce que l'on gagne à regarder en l'air...

Sur elle au même instant s'élance l'araignée,
Qui la prend à la gorge et l'a bientôt saignée,
En disant : — Ce travail m'a mise en appétit,
Et voici de quoi faire un excellent rôti.

SIXIÈME RÉCIT.

LES FRÈRES ENNEMIS.

Dans la rue froide et inhabitée qu'on appelle le *Kniebis*, se trouve une petite maisonnette qui, sauf son écurie et une remise, n'a que trois fenêtres, en partie vitrées avec du papier. En haut, à la fenêtre du pignon, on voit suspendu un volet qui n'est retenu que par un gond, et qui menace de tomber à tout instant. Près de la maison est un petit jardin qui, malgré sa petitesse, est cependant encore partagé en deux parts par une haie d'épines. Dans la maison habitaient deux frères qui étaient déjà depuis quatorze ans dans une haine irréconciliable. Dans la maison comme dans le jardin, tout était partagé, depuis la chambre haute jusqu'à la petite cave. La trappe était ouverte, mais en bas chacun avait sa portion fermée par une barrière de lattes. A toutes les portes, les cadenas étaient scellés, comme si l'on redoutait continuellement des voleurs ; l'écurie appartenait à l'un et la remise à l'autre. On n'entendait pas un mot dans la maison, si ce n'était quand, par moment, l'un des deux frères se mettait à jurer tout haut.

Michel et Conrad, ainsi se nommaient les deux frères, étaient déjà bien âgés tous deux. Conrad avait perdu sa femme, et maintenant, il vivait ainsi pour lui seul ; quant à Michel, il ne s'était jamais marié.

Une grande caisse peinte en bleu, et servant au besoin de banc, était la première cause de la haine des deux frères.

Après la mort de leur mère, il fallut tout partager, car la sœur, mariée dans le village, avait déjà reçu sa dot. Conrad prétendait qu'il avait acheté la caisse de son propre argent, argent qu'il avait gagné comme cantonnier en cassant des pierres sur la route ; il l'avait seulement prêtée à sa mère. Michel prétendait, au contraire, que Conrad avait mangé le pain de sa mère et n'avait par conséquent pas de bien personnel. Après une lutte violente de l'un à l'autre, l'affaire fut portée devant le bourgmestre et même devant le tribunal, et il fut conclu que puisque les frères ne pouvaient pas se mettre d'accord, tout serait vendu dans la maison, y compris la caisse, et qu'ils partageraient le produit. La maison elle-même fut mise en vente, mais pas un acheteur ne s'étant trouvé là, les frères furent obligés de la conserver à la garde de Dieu.

Ils durent aussi racheter publiquement leurs effets

de literie et autres. Cela faisait de la peine à Conrad, car il était plus impressionnable qu'on ne l'est d'ordinaire. Il y a bien des choses dans toutes les maisons qu'aucun étranger ne peut acheter à prix d'argent, elles sont bien plus précieuses qu'on ne pourrait les payer, car il s'y rattache des pensées et des souvenirs de la vie qui n'ont de prix pour nulle autre personne au monde.

Ces choses-là doivent paisiblement se transmettre de générations en générations, de cette manière leur valeur intime demeurera la même. Mais s'il faut les arracher des mains des autres et lutter à prix d'argent pour les avoir, elles perdent une grande partie de leur valeur; elles ont été emportées pour leur valeur pécuniaire, et non pas silencieusement léguées comme une chose pour ainsi dire sacrée. C'étaient des pensées de cette nature qui faisaient souvent secouer la tête à Conrad, quand on lui adjugeait quelque meuble, aussi, à la mise en vente du livre de prières de sa mère, lequel livre était recouvert de velours noir, et avait des charnières et des fermoirs en argent, tout son sang lui monta au visage quand il vit un fripier en peser l'argent dans sa main pour en estimer le poids. Il acheta ce livre d'heures pour un prix très élevé.

Enfin la caisse bleue arriva à son tour. Michel se mit à tousser tout haut et à regarder son frère avec un regard plein de défi. Il cria aussitôt une mise à prix. Conrad fit de suite une augmentation d'un florin, sans lever les yeux et en comptant les boutons de sa veste. Mais Michel cria une nouvelle enchère, tout en regardant hardiment autour de lui. Pas un étranger ne disait mot, et pas un des deux frères ne voulait céder à l'autre la pièce en litige. Chacun des deux se disait à part soi : — Bah ! tu n'auras que la moitié à payer, et là-dessus ils montaient, ils montaient toujours, tant qu'à la fin la caisse fut adjugée à Conrad pour 24 florins, c'est-à-dire pour plus de cinq fois sa valeur.

Alors seulement il leva pour la première fois les yeux, mais sa figure n'était plus la même. La raillerie et le dédain resplendissaient dans ses yeux brusquement ouverts, sur sa bouche béante, et sur tout le reste de sa figure. — Quand tu mourras, je te donnerai la caisse dans laquelle on te mettra, dit-il à Michel en frémissant de rage. C'étaient là les derniers mots qu'il lui avait adressés depuis quatorze ans.

Dans le village, l'histoire de la caisse fournit matière à toutes sortes de plaisanteries. Quand on rencontrait Conrad, on ne manquait pas de lui répéter combien Michel s'était comporté d'une manière infâme, et Conrad se mettait toujours un peu plus en fureur contre son frère.

Les deux frères étaient d'ailleurs de caractères différents ; chacun suivait donc une direction contraire.

Conrad avait une vache qu'il tenait avec celle de son voisin Christian, pour faire son labourage. Le reste du temps, il allait, pour quinze kreutzers par jour, casser les pierres sur la route. Conrad était aussi très myope, il marchait avec peu d'assurance, et quand il battait briquet, il mettait toujours l'amadou sous son nez, afin de savoir si elle brûlait. On l'appelait dans tout le village l'aveugle *Conradlé*; le diminutif *lé* lui avait été donné parce qu'il était d'une taille courte et trapue.

Michel était tout le contraire, il avait une taille haute et maigre et marchait avec beaucoup d'assurance. Il portait toujours un beau costume de paysan, non parce qu'il était un paysan distingué, car il n'en était rien, mais parce que cela était utile pour son commerce. Michel faisait le commerce des vieux chevaux, et les gens ont beaucoup plus de confiance pour un cheval qu'ils ont acheté d'un homme habillé en paysan. Michel était de plus un mauvais maréchal-ferrant; il vendit une partie de ses terres, pour s'adonner entièrement au commerce des chevaux, et avec cela il menait une vie de monsieur. C'était un personnage important dans tous les environs. A six, huit lieues à la ronde, en Wurtemberg, dans tout le pays de Sigmaringen et de Hechingen, et jusque dans le duché de Bade, il connaissait l'état et le contingent des écuries, aussi bien qu'un grand homme d'Etat connaît la statistique des Etats étrangers et la position des cabinets, et de même que ceux-ci sondent l'opinion du peuple dans les journaux, Michel la sondait lui dans les auberges. Il avait aussi dans chaque endroit quelque vaurien en qualité de *résident*, avec lequel il tenait des conférences secrètes et qui, en cas de besoin, lui expédiait une estafette, ou partait lui-même, et pour lequel il ne dépensait qu'un bon *pourboire*, dans le sens littéral du mot. Mais il avait aussi des agents secrets qui poussaient les gens à révolutionner leurs écuries, de sorte qu'il avait presque toujours dans sa remise, qui lui servait d'écurie, un cheval de parade qu'il dressait pour une nouvelle expédition, pour la publicité, c'est-à-dire pour la vente sur la foire. Il lui teignait le poil sur les yeux, lui limait les dents, et lors même que la pauvre bête ne pouvait plus manger que du trèfle et se laissait avoir faim près de l'autre fourrage, cela l'inquiétait peu, car il s'en défaisait toujours à la foire prochaine.

Pour cela il avait ses rubriques ; il trouvait, par exemple, un compère qui feignait de vouloir faire avec lui un échange, là-dessus ils faisaient tous deux un vacarme effroyable. Michel criait tout haut : — Non, je ne peux pas échanger, je n'ai ni foin ni place, et il faut que je vende à quelque prix que ce soit. Ou mieux que cela encore : il faisait, moyennant quelques kreutzers, tenir sa bête par quelque pauvre paysan, il la faisait courir devant lui et disait : — Si cette bête-là était chez un bon cultivateur, on pourrait en faire un cheval superbe. Les pieds sont excellents, les os sont parfaits, il n'y manque que de la viande et elle vaudrait alors ses vingt carlins d'or. Alors il amenait un acheteur, se retenait quelque chose en sous-main, et se faisait ainsi payer la peine de vendre son propre cheval.

En général, Michel était ennemi des certificats légaux, qui doivent garantir que la bête n'a aucun défaut majeur. Il aimait mieux à cet égard vendre pour quelques florins de moins, plutôt que d'entrer dans ces sortes d'obligations. Aussi avait-il assez souvent des procès qui mangeaient le cheval et le profit, mais Michel trouvait dans cette vie errante et fainéante quelque chose de si captivant, et il recomptait toujours si bien ses marchés les uns dans les autres, qu'il lui était impossible de quitter son commerce. Sa maxime était : — Je ne quitte pas la foire avant qu'on se soit donné la main. — Pour lui un marché devait être conclu sitôt que les parties se frappent dans las mains l'une de l'autre. Les marchands juifs lui étaient souvent très utiles sur les foires, et avec eux il se remettait à jouer sous la couverture.

Quand Michel à cheval s'en allait ainsi à la foire ou en revenait, et qu'il rencontrait Conrad cassant ses pierres sur la route, il contemplait alors son frère, d'un air moitié compatissant, moitié railleur, et pensait : — O pauvre diable, il te faut casser des pierres du matin au soir pour gagner quinze kreutzers, et moi en un moment, quand cela va bien, je gagne quinze florins.

Conrad, tout myope qu'il était, n'en remarquait pas moins cela, et tapait alors si fort sur ses pierres, que les éclats en volaient de tous côtés.

Voyons maintenant lequel s'en tire le mieux, de Michel ou de Conrad.

Michel était un des plus aimables parleurs du village, car jour et nuit il avait toujours quelque chose à raconter, tant il savait de farces et de tours. Il connaissait aussi Dieu et le monde. Pour Dieu, il est vrai qu'il ne le connaissait pas beaucoup, quoiqu'il allât quelquefois à la messe, car à la campagne personne ne peut s'en éloigner tout à fait, mais il allait à la messe comme bien d'autres, sans y penser et sans pour cela en devenir meilleur.

Conrad avait aussi ses défauts, au nombre desquels étaient surtout sa haine contre son frère et la manière dont il la manifestait. Quand on lui demandait : — Comment cela te va-t-il avec Michel ? Il répondait toujours : — Ça va comme cela, et là-dessus il faisait avec ses deux mains sous le menton comme s'il serrait un nœud et en même temps il tirait la langue. Il est facile de deviner ce qu'il voulait dire par là.

Naturellement, les gens n'épargnaient pas beaucoup cette question, et c'était toujours un immense éclat de rire, quand Conrad redisait son opiniâtre réponse.

Du reste, les gens attiraient ainsi cette haine des deux frères moins par méchanceté que par plaisanterie. Quant à Michel, il ne faisait que lever les épaules avec mépris quand on lui parlait du *pauvre diable*.

Les deux frères ne restaient jamais dans la même chambre ; — quand ils se rencontraient, soit à l'auberge, soit chez leur sœur, l'un d'eux sortait à l'instant même.

Personne ne pensait plus à les réconcilier, et quand deux personnes étaient en grande inimitié, on disait par manière de proverbe : — Ils vivent comme Conrad et Michel.

A la maison ils ne disaient pas le mot, et même quand ils se rencontraient, ils ne se regardaient pas. Cependant, sitôt que l'un s'apercevait que l'autre était malade au lit, il allait, malgré la distance, jusque chez leur sœur, qui demeurait dans la *rue des Grenouilles*, et lui disait : — Viens là-haut, je crois qu'il n'est pas bien, et là-dessus il se mettait à travailler doucement et sans bruit, pour ne pas fatiguer son frère.

Mais au dehors de la maison et au milieu du monde, ils vivaient dans la même inimitié, et personne ne s'imaginait qu'une étincelle d'affection fût encore en eux.

Cela durait depuis quatorze ans. Michel avait tant fait de commerce que l'argent provenant de la vente de ses deux champs s'était à la fin fondu dans ses doigts, sans qu'il sût comment. Conrad, au contraire, avait acheté un nouveau champ d'un émigrant, et l'avait déjà presque tout payé. Michel ne s'employait plus guère alors qu'à aider les autres gens dans leurs marchés, et il espérait, par l'acquisition d'un nouveau champ, pouvoir se remettre à flot et reprendre le commerce pour son compte.

— Et il arriva un nouveau roi en Egypte. — Les gens du village purent jusqu'à un certain point s'appliquer ce verset du deuxième livre de Moïse, ch. 1, verset 8. Le vieux curé était mort. C'était un bon homme, mais il laissait aller les choses comme elles voulaient. Le nouveau curé qui était venu dans le village était un jeune homme plein de zèle, qui voulait tout mettre en ordre et qui y réussit pour bien des choses.

Un dimanche après vêpres, les gens du village étaient assis ensemble sur les bois de charpente qu'on employait à construire la nouvelle maison des pompes, près de la fontaine de la maison commune. Michel était aussi parmi eux. Il était assis tout courbé, et s'amusait à machiller un brin de paille. En ce moment, Péter, le petit garçon de Jean Schacker, âgé de cinq ans, vint à passer. Quelqu'un dit à cet enfant : — Tiens, Péter, voilà des noix pour toi, si tu contrefais Conrad ; comment fait-il, Conrad ? L'enfant fit signe que non, et voulait passer outre, car il était intelligent et craignait d'irriter Michel, mais on le retint, et on le contraignit à contrefaire le serrement du nœud, et à tirer la langue ; ce qui fit partir un éclat de rire que l'on entendit à travers la moitié du village. Quand le bambin voulut réclamer les noix, il se trouva que le prometteur n'en avait pas, et les éclats de rire recommencèrent de plus belle quand on vit Péter donner des coups de pieds à celui qui venait de le tromper.

Pendant ce temps-là le nouveau pasteur était arrivé au bas de la petite colline qui est vers la maison commune, il s'était arrêté et avait vu tout ce qui s'était passé. — A l'instant où l'enfant allait être battu pour ses exigences, le curé arriva et le leur arracha d'entre les mains. Tous les paysans se levèrent aussitôt et mirent bas leurs bonnets. Le curé pria le sacristain, qui avait su toute l'affaire, de l'accompagner, et, tout en cheminant, il se fit raconter comment les choses s'étaient passées. Il apprit alors l'inimitié des deux frères et tout ce que nous avons rapporté jusqu'ici. Le samedi suivant, pendant que Conrad cassait des pierres au milieu du village, on vint l'inviter à se rendre chez le curé, le lendemain matin, après la messe. Il ouvrit de grands yeux étonnés, laissa tomber sa pipe, et pendant presque deux minutes la pierre resta intacte sous son pied, auquel une planche servait de semelle; il ne pouvait s'imaginer ce qu'il y avait à la cure, et il eût beaucoup mieux aimé y aller tout de suite.

Michel reçut l'invitation pendant qu'il cirait à un vieux cheval ses bottes des dimanches, c'est-à-dire qu'il lui nettoyait les pieds, il sifflait alors l'air d'une chanson grivoise, mais il s'arrêta au milieu, présumant bien ce qui devait arriver le lendemain. Il était tout joyeux d'avoir à faire un contre-sermon des plus salés, et il en murmura déjà à part lui deux ou trois passages.

Le dimanche matin, le curé prit pour texte de son sermon ce verset du psaume 133 : — *Oh! que c'est une chose bonne, et que c'est une chose agréable que les frères s'entretiennent, qu'ils s'entretiennent, dis-je, ensemble.* Il démontra combien tout bonheur et toute joie sur la terre étaient diminués et anéantis, quand nous n'en jouissons pas en société de ceux qui ont dormi aussi bien que nous sur le même cœur maternel. Il démontra que des parents ne pourraient être heureux ici bas, ni se trouver bien un jour dans le ciel, quand la haine, la jalousie et la méchanceté divisaient leurs enfants. Il cita l'exemple de Caïn et d'Abel, et fit voir comment le fratricide avait été le premier fruit empoisonné du péché originel. Le curé dit tout cela, et encore bien d'autres choses, d'une voix tonnante qui faisait dire aux paysans : il va faire dégringoler la voûte ; mais il est souvent presque encore plus facile de faire tomber une voûte que de trouver accès dans le cœur de gens qui se détestent. Barbe pleurait à chaudes larmes sur l'opiniâtreté de ses frères, et bien que le curé répétât à tout propos qu'il ne désignait ni celui-ci, ni celui-là, que chacun devait mettre sa main sur son cœur et se demander s'il y entretenait un véritable amour pour ses parents; — tout le monde ne s'en disait pas moins : — Il parle pour Michel et Conrad, voilà qui est dit tout exprès pour eux.

Les deux frères étaient debout, peu éloignés l'un de l'autre. Michel mordillait son bonnet qu'il tenait entre les dents, Conrad écoutait, la bouche ouverte. Leurs yeux étant venus, un moment après, à se rencontrer, le bonnet de Michel s'échappa de sa main, il se baissa vite, afin de cacher son émotion.

Le chant vint servir de douce et pacifiante conclusion, mais avant qu'il fût terminé, Michel sortit de l'église et alla attendre devant la porte de la cure.

Elle était encore fermée, il entra dans le jardin. Là il resta longtemps à contempler près du rucher la diligente activité des abeilles qui, comme le dit Hébel :

Ignorent qu'un dimanche on doit se reposer,
et il pensa : — Toi non plus tu n'as pas de dimanche dans ton commerce, car tu n'as pas de vrais jours ouvriers ; puis il se dit : — Combien de centaines de sœurs habitent pourtant ensemble dans une seule ruche, et toutes travaillent comme les vieilles ; mais il ne resta pas longtemps à entretenir cette idée, et il résolut de ne pas se laisser mettre la bride par le curé, et quand ses yeux se reportèrent sur le cimetière, les dernières paroles de Conrad revinrent à sa mémoire et ses poings se crispèrent.

A la cure, Michel trouva déjà le curé en ardente conversation avec Conrad ; le curé se leva, il semblait n'avoir plus attendu l'arrivant. Il offrit une chaise à Michel, mais celui-ci répondit en montrant son frère :

— Monsieur le curé, tout respect devant vous, mais je ne m'assieds plus où celui-ci se trouve. Monsieur le curé, il n'y a pas longtemps que vous êtes dans le village, vous ne savez pas quel imposteur c'est que ce sournois qui fait le petit saint ; mais il en a de la méchanceté gros comme le poing derrière les oreilles. Tous les enfants le contrefont, et il répéta alors la grimace qui nous est suffisamment connue, puis continua en grinçant des dents de fureur : — Monsieur le curé, c'est lui qui est la cause de mon malheur, c'est lui qui m'a ôté la paix à la maison, et je me suis donné au diable en me donnant à mon commerce de chevaux; tu me l'as prédit, toi, dit-il en courant sur son frère, que je me pendrais avec un licou de cheval, mais il faudra bien que tu y passes le premier.

Le curé laissa tempêter les deux frères et n'intervint que pour empêcher les voies de fait. Il savait fort bien que l'affection finirait par avoir le dessus, aussitôt que la colère, si longtemps retenue, aurait eu son cours. Cependant il se trompait encore en partie.

A la fin les deux frères se trouvèrent assis, sans dire le mot, mais la respiration haletante; ni l'un ni l'autre ne bougeait. Alors le curé se mit à parler avec des paroles douces d'abord, pénétrant les replis les plus cachés du cœur; ça ne servait à rien; les deux frères continuaient à regarder la terre. Le curé commença alors à leur décrire les douleurs de leurs parents dans l'autre monde; Conrad soupira, mais ne leva pas les yeux. Le curé rassembla alors toutes ses forces, sa voix retentissait comme celle d'un prophète vengeur; il leur peignit comment, après leur mort, ils arriveraient devant le tribunal du Seigneur, et comment alors le Dieu leur crierait:
— Malheur! malheur! malheur! vous avez conservé pendant toute votre vie votre cœur plein de haine, vous avez repoussé tous deux la main de votre frère, allez donc ensemble souffrir éternellement.

Tout était silencieux. Conrad essuyait ses larmes

avec la manche de son habit; il se leva alors et dit:
— Michel!

Michel n'avait pas entendu ce son de voix depuis tant d'années, qu'il regarda tout à coup. Conrad s'approcha davantage et dit: — Michel, pardonne! Les deux frères se serrèrent fortement la main, pendant que le curé les bénissait.

Tout le village ouvrit de grands yeux et se réjouit, quand on vit Michel et Conrad descendre, en se donnant la main, la petite montée près de la maison commune.

Ils se tinrent ainsi par la main jusqu'à la maison, comme pour regagner tout le temps perdu. Une fois rentrés, ils arrachèrent aussitôt tous les cadenas, puis allèrent au jardin arracher aussi la haie, qui réellement tenait la place de bien des choses; ce signe de division devait disparaître.

Alors ils allèrent chez leur sœur et dînèrent côte à côte à la même table.

Après midi, les deux frères se trouvèrent aussi à vêpres l'un à côté de l'autre, tenant chacun d'une main le livre de prières de leur mère.

A partir de ce jour, leur vie redevint des plus intimes et ne formait plus qu'une existence.

TABLE.

	Page
Premier récit. — Tolpatsch	1
La Wiese (Hébel)	39
Deuxième récit. — La pipe de guerre	47
Le cerisier (Hébel)	68
Le revenant (Hébel)	69
Troisième récit. — Geneviève	71
La pipe (Hébel)	115
Le dimanche matin (Hébel)	115
Quatrième récit. — Toinette	117
Le cri du guet (Hébel)	145
La femme du marché (Hébel)	146
Cinquième récit. — Le Buchmayer	149
Surprise (Hébel)	176
L'araignée (Hébel)	177
Sixième récit. — Les frères ennemis	179

SOUS PRESSE

SCÈNES VILLAGEOISES

DE

LA FORÊT-NOIRE

TRADUITES DE L'ALLEMAND D'AUERBACH

PAR

MAX. BUCHON

DEUXIÈME SÉRIE CONTENANT : IVO

1 vol. in-12. Prix : 2 fr

POÉSIES COMPLÈTES

DE

HÉBEL

TRADUITES PAR MAX. BUCHON

1 vol. illustré

Berne. — Imprimerie HALLER.

www.ingramcontent.com/pod-product-compliance
Lightning Source LLC
Chambersburg PA
CBHW051909160426
43198CB00012B/1820